특수상황에서의
예식과 설교

박광철 · 김호식 · 윤형복 · 류영모
신성종 · 김선중 · 임윤택 · 이정익
손영호 · 이장우 · 박희민 · 이근호

한순진 엮음

피터스하우스(Peter's House)는
21세기 토탈(Total)문화선교의 대명사입니다.

피터스하우스(베드로서원)의 사역원리

Pastoral Ministry(목회적인 사역)
Educational Ministry(교육적인 사역)
Technological Ministry(과학기술적인 사역)
Evangelical Ministry(복음적인 사역)
Revival Ministry(부흥적인 사역)
Situational Ministry(상황적인 사역)

피터스하우스는 21세기 토탈(종합)문화선교의 대명사입니다.
변화되는 세상 속에서 복음은 변할 수 없습니다.
그러나 복음을 전하는 방법은 달라져야 합니다.
피터스하우스는 시대에 맞는 옷을 입고 '문화'라는 도구로
복음을 전하는 종합문화선교기관입니다.
우리는 예수 그리스도께서 몸버려 피흘리사 그 값으로 교회를 세우신
그 귀한 사역을 계속 이어나가고자 합니다.
그리하여 이 땅 위의 교회들이 반석 위에 굳건히 세워지고
복음이 전파되는 그 귀한 사명을 끝까지 감당해 나갈 것입니다.

특수상황에서의 예식과 설교

초판 1쇄 발행일 2001년 11월 26일
초판 2쇄 발행일 2005년 7월 30일

저 자 | 한순진
발행처 | 베드로서원
발행인 | 한용석

등록번호 : 제14-66호 · 등록일자 : 1988. 6. 3

서울시 영등포구 양평동4가 281 삼부르네상스한강 1307호
Tel. 02)333-7316 Fax. 333-7317
E-mail : peter050@kornet.net

피터스하우스는 기독교문화 창달을 위해 좋은 책 만들기에 힘쓰고 있습니다.
*파본 및 잘못된 책은 바꾸어 드립니다.

ISBN 89-7419-125-3

값 6,000원

미주사역

PETER'S HOUSE (원장 | 한순진)
13429 1/2 Pumice St. Norwalk, CA 90650
☎ (562)483-1711, Cell. (714)350-4211
E-mail : petershouse@dxnet.com

예식자료를 엮으면서

목회자들은 사역 일선에서 여러 가지 상황을 만나고 그 상황에 따른 사역을 해나가야 합니다. 특히 결혼과 장례는 목회사역에 있어 매우 중요한 위치를 차지하고 있습니다. 시대가 변하고 사회구조가 복잡해지면서 결혼과 장례의 상황도 다양성을 띠고 있습니다. 이에 따라 우리는 여러 모양의 결혼식을 주례하고, 여러 상황의 장례식을 인도해야 합니다.

목회를 하면서 부딪혔던 어려움은 갑작스런 상황이었습니다. 교인들의 삶에서 일어나는 예기치 않은 일들로 인해 당황했던 적이 많았습니다. 갑작스럽게 어려움을 당한 이들에게 어떻게 무슨 말씀을 적절하게 줄 수 있을까 하는 문제가 나에게는 숙제였습니다. 또한 이민 목회의 현장에서는 일반적인 결혼예식이 아닌 특수상황에서의 예식을 인도해야 하는 경우가 많았습니다. 나는 이런 상황들을 접하면서 이것은 나의 사역의 어려움이 아니라 모든 동료 목회자들의 어려움이라는 사실을 인식하게 되었습니다. 그래서 '특수 상황에서의 예식과 설교'라는 예식서를 구상하게 된 것입니다.

그러나 쉽지 않는 작업이었고, 시간도 많이 걸렸습니다. 2년여 동안을 끌어오면서 청탁한 원고가 제대로 수집되지 않았습니다. 아마도 일반적인 예식이 아닌 특수상황들이므로 청탁을 받은 목회자들도 이에 응하기가 어려웠을 것이라는 생각도 들었습니다. 그래서 결혼예식과 장례예식을 각각 다른 책으로 만들려고 했던 계획을 수정하여 지금까지 모아진 원고를 묶어서 한 권에 모두 담게 되었습니다. 그러므로 이 예식서는 원래의 계획에서 미완성된 책이라고 할 수 있습니다.

이 책은 앞으로 특수상황에서의 예식을 더욱 적절하게 인도할 수 있도록 동기를 부여하는 책이라고 할 수 있습니다. 참고로 원래의 편집 기획에서 이 책에 넣지 못한 상황은 다음과 같습니다.

△ 결혼예식서: '자녀를 둔 재혼자의 결혼', '나이든 이들의 결혼', '나이 차가 많은 연상의 배우자', '중매로 맺어진 결혼', '동거해 온 이들의 결혼', '부모가 동의하지 않는 결혼', '연소자들의 결혼', '장애인들의 결혼' 등

△ 장례예식서: '암으로 인한 죽음', '십대들의 자동차 사고', '끔찍한 죽음', '청년의 죽음', '천재지변사', '(고국에 가지 못해) 타국에서 가지는 추모식', '선교지에서의 죽음' 등

앞으로 위의 상황들에 관한 예식자료를 계속 수집하고 있습니다. 혹 이 책을 대하는 독자들 가운데 위의 타이틀에 관하여 자료를 제공해 주실 수 있는 분은 기꺼이 동참을 해주시기 바랍니다. 그래서 후속 예식서가 꼭 출판되기를 기대합니다.

끝으로 이 책의 집필에 참여해 주신 여러 목사님들께 감사를 드립니다. 원고를 보내주신 후 오랜 시간이 걸려 책이 출판되어 죄송한 마음을 금할 길이 없습니다. 이 책의 발행을 위해 수고해준 베드로서원 가족들과 관계자들에게 감사를 드립니다.

오렌지카운티에서
엮은이 한순진

1부 · 결혼예식

2부 · 장례예식

결혼예식

1부

결혼 주례자를 위한 가이드

박 광 철

결혼예식은 목회에 있어서 대단히 중요한 하나의 사역이다. 하나님의 자녀들을 믿음의 가정으로 엮어 주는 축복의 시간이며, 신앙을 재다짐하고, 복음을 전할 수 있는 아주 좋은 기회이기 때문이다.

그러므로 주례자는 넉넉한 기간을 두고 당사자들과 만나 여러 면에서 준비시켜 주는 것이 필요하다. 그리고 일반적인 '결혼식' 이라기보다 믿는 이들이 하나님 앞에서 가정을 이루며 언약하고 예배하는 것의 의미로서 '결혼예배' 라는 표현도 좋을 것이다. 주례자로서 기본적으로 준비해야 할 것들 가운데 다음의 세 가지를 말하고자 한다.

1. 당사자들과의 결혼 전의 상담이다.

이것은 꼭 해야 하는 가장 우선적인 과정이다. 주례자는 결혼하는 당사자들을 보다 가깝게 알고 있어야 집례가 형식적이거나 상투적이라는 인상을 주지 않고, 더욱 친근하고 본인들과 참석자들의 마음에 닿을 수 있기 때문이다. 결혼하는 두 사람에게는 일생에 가장 중요한 행사라는 사실을 주례자도 동감해야 한다.

결혼 전 상담에는 몇 가지가 반드시 포함되어야 한다.

우선 신앙적인 확신이다. 이때 두 사람의 신앙을 재확인하고, 함께 같은 교회에 출석하는 것이 중요함을 지적해 준다. 서로 다른 교회에 다니는 것을 인정하게 되면, 결혼 후에 어려움이 생기기 쉽다. 그러므로 혹 주례자가 시무하는 교회가 아닌 경우라도 함께 같은 교회에 다니도록 권고해야 한다. 신랑이나 신부가 결혼하기 위해서 교회에 다니겠다고 가볍게 결정하는 것을 파악하고, 복음을 제시해 주어 결실하게 하면 더욱 귀한 전도의 기회가 된다.

또 하나는 결혼의 성경적 의미를 분명하게 이해하도록 가르치는 좋은 기회가 된다. 즉 결혼은 사람들이 살다가 불편하거나 도움이 필요해서 세운 인간의 제도가 아니라, 하나님께서 인간의 행복을 위해서 고안하신 신성한 제도라는 사실을 성경을 통해서 가르친다. 그리고 결혼은 하나님 앞과 많은 증인들 앞에서 행하는 맹약(盟約)이므로, 가볍게 결정하거나 쉽게 잊지 않도록 다짐하는 것이다.

근래는 결혼 전에 성적인 한계선을 넘는 경우를 많이 본다. 그런 것을 당연시할 수 없으며, 그것이 요즘 세상에서 흔한 일이기는 하지만, 신앙적으로는 범죄이므로 이것을 지적하여 진심으로 회개하고 하나님의 용서를 받도록 돕는 것이 또한 중요하다.

그리고 본인들의 확실한 합의와 부모의 허락을 확인해야 한다. 종종 두 사람이 사랑하고 결혼을 약속했지만, 부모들의 심각한 반대가 있을 때에는 허락을 받을 때까지 기다리게 하거나, 반대 이유를 듣고 해결의 길을 제시하는 것이 좋다. 부모가 허락하지 않는 결혼은 많은 어려움을 동반하는 사례를 본다. 부모가 불신자일 경우에도 이 기회에 자연스럽게 복음에 접할 수 있도록 기도하고 준비해야 할 것이다.

그 뿐 아니라 결혼하는 당사자들의 미래의 꿈과 계획을 들어 보는 것도 좋다. 만일 아무런 대책이나 계획도 없으면, 깊이 생각하게 하고 기도하는 기회를 갖게 한다. 그리고 가정과 직업을 통해서 하나님의 교회를 섬기고 하나님의 일을 할 수 있다는 비전을 갖게 한다.

2. 결혼예식을 위한 구체적인 준비이다.

장소와 시간과 참석자들과 프로그램을 맡은이들에 대해서 확인한다. 결혼예식에서 결혼과는 무관하거나 비신앙적인 '엉뚱한' 축가를 부르지 않도록 지도한다. 주례자와 함께 현장을 미리 둘러보는 것이 필요하다. 가능하면 예배당에서 예식을 할 것이며, 부득이한 경우에 호텔이나 공공시설을 이용할 수 있지만, 전반적인 분위기와 절차는 교회예식으로 할 것을 결정한다.

　결혼예식을 하기 전날에 관계자들이 모여서 리허설을 하는 것이 좋다. 그때 부모들에게도 주례자의 의도를 표현하고 협력을 구하는 것이다. 무엇보다도 신랑, 신부와 함께 기도하는 시간을 갖는다. 부모와 같이 기도하는 시간을 갖는 것도 대단히 좋다. 꽃단장이나 예식장의 전체적인 분위기에 대해서도 주례자의 의견을 조심스럽게 밝힌다. 지나치게 어지럽고 호화스런 분위기는 경건한 예식에 도움이 되지 않기 때문이다. 예식은 가능하면 경건한 예배 형식이라는 것을 강조하고, 예식 후에 일생 동안 풍성한 삶이 되기를 축복한다.

　주례자가 신랑과 신부에게 서명한 성경책을 선물해 주는 것이 좋다. 내용은 진심어린 축하의 말과 성경 말씀과 함께 직접 두 사람의 이름을 써서 주는 것이 오래 기억된다. 신혼여행을 갈 때부터 성경을 지참하도록 권해서, 여행 중에도 함께 기도하고 말씀을 잊지 않도록 하여, 결혼 초기부터 좋은 신앙생활의 습관을 갖게 돕는다.

　예식 순서지를 확인하는 것도 필요하다. 대표 기도, 특송하는 이들, 인사와 광고하는 분 등의 프로그램 담당자에 대해서 재확인하는 것이다. 요즈음 지나치게 상업적인 사진기사들은 결혼예식 전에 신랑, 신부를 이리 저리 끌고 다니면서 너무 떠들썩하게 사진을 찍는 것을 보는데, 그것에 관해서도 충고해 주는 것이 필요하다.

　결혼 당일을 위해서 준비할 것들을 일러 준다.

　결혼예식을 준비하는 기간에 신랑과 신부는 흥분된 상태이어서 말다툼을 하기가 쉽다. 이런 것에 대해서 주의할 것과, 특히 당일 아침에는 피곤하지 않도록 적당한 휴식을 취하도록 한다. 대부분의 당사자들은 그 날 식사를 거르기 쉽다. 그래서 예식장에 올 때에는 얼굴에 피곤한 빛이 보이기 쉽고, 특히 신부는 긴장하여 화장이 곱지 않은 경우가 있다. 신부의 화장도 가능하면 너무 진하거나 사치스럽지 않게 하며, 예식 시간을 반드시 지키도록 한다. 신부가 화장이나 교통체증으로 인해서 늦어질 경우에 당황하기 쉽다. 그러므로 예식장과 미장원의 거리를 감안하고, 하객을 기다리게 하거나 이유 없이 예식을 늦게 시작하는 것은 예의가 아니다. 너무 많은 화환으로 예식장이 어지럽게 느껴지지 않게 하는 것도 생각하게 한다.

　예식을 시작하기 전에 주례자가 신랑과 신부와 함께 따로 차분하게 기도하며 격려하고 축하하는 것이 좋다. 일단 예식이 시작되면 그 다음의 일은 전적으로 주례자에게 맡기도록 하고, 편한 마음으로 두 사람은 주례자만 바로 보도록 한다. 신랑과 신부에게 평안한 마음을 갖게 하는 것은 주례자의 몫이다. 그래야 반복할 수 없는 아름다운 그 얼굴과 장면들이 사진에 남게 된다.

3. 신랑과 신부에게 적합한 주례 설교다.

많은 사람들이 결혼식에서 주례사는 '들어보나 마나 뻔한 이야기' 라는 생각을 갖고 있다. 그것을 완전히 바꿔 놓아야 한다. 예식을 시작하기 전에 이렇게 인사를 하는 것도 좋다.

"이 두 사람의 결혼예식에 참석해 주신 분들에게 주례자로서 감사의 말씀을 드립니다. 여기 서 있는 두 사람은 하나님을 믿는 그리스도인이고, 주례자가 목사이므로 오늘의 예식은 하나님 앞에서 드려지는 예배의 형식으로 갖겠습니다. 그러므로 타종교를 믿으시거나 종교를 갖고 있지 않은 분들이라도 조용하고 경건한 마음으로 두 사람을 축하해 주시기 바랍니다. 그리고 교회에서는 어떻게 결혼예식을 드리는지 눈여겨 보시기 바랍니다."

주례 설교는 우선 성경적이어야 한다. 성경에서 본문을 찾고, 성경 내용을 쉽게 말해 주어야 모든 사람이 이해할 수 있다. 많은 주례자들은 자기 경험과 상식적인 교훈을 전한다. 그러나 성경의 권위를 가지고 전하는 것이 필요하다.

설교는 실제적이어야 한다. 추상적이거나 상투적인 언어 또는 두 사람에게 별로 해당되지 않는 것보다는 보다 구체적이며 현실적이고 실제적인 결혼생활의 가이드를 하는 것이다. 두 사람의 삶 뿐 아니라 부모에게 대한 것과, 교회와 사회에서 필요한 것을 성경적으로 가르친다.

주례 설교는 복음적인 것이 좋다. 이 기회에 예수 그리스도의 복음을 전하는 것이다. 예수님이 우리 삶의 주인이 되셔야 진정한 행복과 평안이 온다는 사실을 강조한다.

주례 설교는 진지해야 한다. 너무 간단하게 '해 치우는 식'으로 하지 않도록 한다. 잘 준비된 설교로 적어도 15~20분은 전한다. 정말 결혼이 얼마나 중요하고 가정이 얼마나 소중한 것인지를 강조한다.

주례 설교는 지루하지 않아야 한다. 그렇게 하려면 요점이 분명해야 하고, 일방적으로 주례자가 강연처럼 하기보다는 신랑과 신부의 반응을 요구할 수도 있다. 어떤 말을 따라 하도록 해 보고, 어떤 것에는 "예"라고 대답하도록 한다. 그리고 부모를 위한 메시지도 포함시킨다.

본인은 전체적으로 약 40분 정도 걸리는데 결코 지루하지 않다. 그동안 많은 주례를 하면서 어느 부모는 기독교에 대한 편견과 오해가 많이 해소되기도 했고, 교회에 출석하는 계기가 되기도 했다. 두 사람은 진심으로 축하하는 마음에서 정성껏 그리고 진실하게 주례하는 것은 목사가 누릴 수 있는 멋진 특권 중의 하나라고 믿는다.

박광철 목사는 연세대학교 정치외교학과, 서울신학대학 대학원(M. Div.)을 졸업하고 풀러신학교에서 선교학 박사를 취득했다. 서울신학대학 대학원 선교학 교수, 신길성결교회, LA 동양선교교회의 담임목사를 역임했으며, 현재는 LA 근교에서 조이펠로쉽교회를 담임하고 있다.

결혼 계획을 위한 안내

편 집 부

☆ General(일반적인 준비)

1. 결혼하려는 지역(주/국가 – 외국의 경우)의 결혼에 관한 법률을 확인해 보았는가?
2. 결혼하려는 장소는 어디인가?
3. 예식은 몇 시에 시작하는가?

☆ Rehearsal(리허설)

1. 몇 시에 리허설이 시작하기를 원하는가?(45분 정도 소요예정)
2. 리허설 저녁 식사는 몇 시에, 어디에서 가질 것인가?
3. 리허설 저녁 식사에 주례자 부인을 초청할 것인가?
4. 결혼인정서 서류를 준비해 올 것(그전에 미리 싸인 받지 않았다면)

☆ Ceremony(예식)

1. 언제 예식 사진을 찍을 것인가?(식전, 식후)
2. 얼마나 많은 손님이 올 것으로 예상하는가?

3. 예식 순서지를 준비할 것인가? 누가 그것을 준비하는가?

4. 예식을 진행하는 동안 어떤 이름을 사용하기를 원하는가?(정식 이름/애칭/이름만)

5. 예식을 도울 인원 확충과 그들의 자리 배치는 준비되었는가? 당신의 동의를 얻었는가?

6. 피아노, 오르간 연주자는 정해졌는가?

7. 반지 교환을 할 것인가?

8. 예식 중에 키스를 할 것인가?

9. 신랑, 신부 서약은 어떻게 할 것인가?
   일반적인 서약문/수정 서약문/본인들이 작성한 서약문
   (이 서약문은 먼저 심의를 받을 것)

10. 신부는 누구에 의해 입장하게 되는가?

11. 특별히 읽기를 원하는 성경구절이 있는가? 이러한 순서를 갖기를 원하는가?

12. 입장하는 방법 숙지할 것

13. 신랑 신부가 하나가 되는 상징인 촛불 점화(Unity candle)를 할 것인가?

14. 신랑이나 혹은 신부가 행사 중에 노래를 하겠는가?

15. 부모님께 꽃다발 전달하는 순서를 갖겠는가?

16. 결혼 비디오나 테이프 제작을 원하는가? 누가 담당하는가?

17. 기도시간 때 '기도용 무릎 받침대' 가 필요한가?

18. 다른 목사님들이 예식 순서에 참여를 하는가? 무엇을 맡을 것인가?

19. 예식 순서 전체에 관해 하나하나 확인할 것

20. 퇴장하는 방법 숙지할 것

21. 환영 장소에는 누가 있을 것이며, 장소는 어디인가? 환영 행사는 누가 주관하는가?

22. 안내자들이 퇴장시 한줄 한줄 안내할 것인가, 아니면 환영 행사장 안내만 할 것인가?

23. 교회에서 리셉션을 하길 원하는가? 교회 규정을 확인하였는가?

24. 주일예배를 위하여 행사 후 청소 문제 등에 관해 동의하는가? 누가 책임을 질 것인가?(교회 관리인 제외)

25. 교회 내에서는 금연 및 금주함을 동의하는가?

26. 예식 중 사진 찍는 문제에 관해 의견을 나누었는가?

27. 예식을 위해 필요한 물건들을 빌리는 문제는 결정되었는가?

28. 신랑, 신부에게 결혼 서약서를 전해줄 것

목회자를 위한 결혼 지침서

　목회자들이 결혼예식을 인도함에 있어서 많은 사람들로부터 다양한 내용의 질문들을 받게 되기 때문에 그들의 이해를 돕기 위한 공식적인 '목회자 결혼 지침서'를 문서화 해 두는 것이 좋다. 물론 모든 사람들이 이러한 '결혼 지침서'에 전적으로 동의할 것이라고 생각하지는 않지만 최소의 사람들에게 결혼예식을 베풂에 있어 허용할 부분과 허용하지 못할 부분에 대하여 이해시키는데 도움을 줄 수 있다고 믿는다. 이런 규정이 없으면 결혼예식이 있을 때마다 독단적인 판단에 의한 혼란이 가중될 것이다.

　나아가 성경적 근거 및 목회자 신앙에 의해 작성되어진 '결혼 지침서'를 읽는 사람마다 목회자의 목회관과 결혼에 관한 신념을 읽을 수 있게 될 것이며, 누구나 모두 성경적 권위에 복종하며 따를 것으로 기대한다.

　목회자로서 결혼예식은 단순히 새로운 가정을 이루어 주는 것 뿐만 아니라 기독교인 가정을 하나 세우는 것으로 이해해야 한다. 이를 위해 아래와 같은 지침들을 제안한다.

1. 두 사람 모두 예수 그리스도를 개인의 구세주로 고백하는가?
2. 하나님께서 맺어 주신 것으로 믿고 이혼하지 않을 것을 결심하는가?
3. 최소한 일주일에 한 번씩 모두 여섯 번 정도 결혼에 관한 교육을 목사와 함께 하는가?
4. 교회에 매주 빠지지 않고 나올 것을 약속하는가?
5. 결혼예식을 마치고 정식 부부가 되기 전까지 육체적 관계를 갖지 않을 것을 약속하는가?
6. 목회자가 예식을 집례하기 전까지 커플들과 만나 교육하는 것은 아무런 공적인 구속력을 갖지 못함을 또한 이해하는가?

이러한 지침들은 목회자 개인의 확신에 의한 것 뿐만 아니라 생각지 못한 다양한 입장들에 대해 대처할 수 있는 안내서가 된다.

결혼예식 아웃라인

P.M 5:30 – 결혼 예복을 다 갖추어 입고 결혼 사진을 찍기
　　　　　위해 예배당에 모인다.

P.M 6:45 – 부속실(건물)에 리셉션 준비 완료

P.M 6:55 – 특송 연습

P.M 7:00 – 특별 손님(가족) 착석

▣ 식전 음악연주 시작

1. 신랑측 할머니 착석

2. 신부측 할머니 착석

3. 신랑 부모님 착석

4. 신부 어머니 착석

▣ 입장음악 시작

1. 집례자와 신랑 옆쪽으로 입장

2. 신랑과 신부 들러리 입장

3. 화동 입장

▣ 웨딩마치 시작

신부가 신부 아버지 인도로 입장 (신부측 어머니가 일어남으로 모든 하객들 기립)

▣ 신부를 건넴

▣ 기도 – 하객들 착석하도록 함

"우리는 전능하신 하나님 앞에, 귀한 결혼예식을 통해 한 가족을 이루려 하는 ○○○ 군과 ○○○ 양의 결혼예식을 축하하기 위해 모였습니다. 예수 그리스도를 믿는 신앙인으로, 그들은 하나님께서 결혼예식을 처음으로 만드셨으며 축복하셨음을 알게 하옵소서. 하나님께서 사람의 독처함을 원치 않으시고 그에 맞는 배필을 준비하셨음을 믿습니다. 두 사람이 결혼을 통해 하나님과 바른 교제를 갖게 하시고 하나님께서 그들을 만드시고 구속하심을 알게 하옵소서.

○○○ 군과 ○○○ 양, 이 두 사람이 사람들 앞에서 뿐만이 아니라 거룩하신 하나님 앞에서 한몸이 됨을 알고, 서약함에 있어서 기도로 준비하며, 진지함과 신중함으로 임하기를 원합니다. 이 서약을 통해 평생 서로를 위하고 아끼며 존경하며 살도록 하옵소서. 이들의 사랑이 주변의 조건이나 환경에 이끌려 변하지 않게 하시고, 오직 죽음만이 그들을 떠나있게 하옵소서.

예수 그리스도 안에서 믿음으로 말미암아 하나님의 자녀

로서 갖는 이 결혼예식은 더 큰 의미가 있음을 믿습니다. 믿지 않는 사람들과의 결혼도 있지만, 그러나 주님 안에서 믿는 사람들이 만나 한 가정을 이루게 되었으니 하나님께서 결혼예식을 세우시고 부어주신 축복과 기쁨을 이들도 경험하기를 원합니다. 다시 한 번 더 이 두 사람이 하나님께서 허락하신 뜻 아래 한몸 되어 살기를 원합니다. 하나님의 말씀에 순종함으로 하나님께서 그들의 가정과 삶을 이끄시며, 이들의 가정이 하나님께서 이 땅에 허락하신 귀한 선물이라는 간증과 기쁨이 드러나는 장소가 되도록 복 내려 주옵소서."

◼ **성경봉독**

◼ **찬송 –** 다같이 혹은 독창으로(화동들은 자리에 앉아 있는다)

◼ **설교말씀**

◼ **찬송**

◼ **서약**(신랑 신부 마주보고 선다)
  – 결혼서약(아래 결혼서약서/결혼예식서 참조)
  – 반지서약(아래 결혼서약서/결혼예식서 참조)

▣ 결혼선포

"하나님과 많은 하객들 앞에서, ○○○ 군과 ○○○ 양은 거룩한 결혼예식을 갖고, 그들을 증인으로 서로 서로에게 진심으로 서약을 하였으며, 서약의 표시로 반지를 나누었습니다. 이에 본 주례자는 국가의 법에 근거하여 그 권위를 위탁받은 복음주의 목회자로서 신랑, 신부 두 사람이 성부와 성자와 성령님 안에서 한 가정을 이루었음을 선포합니다. 하나님이 하나되게 하셨으니 사람이 나누지 못할지니라! 아멘."

▣ 기도

"저와 함께 새로이 가정을 이루는 이 부부를 위해 기도하시지 않으시겠습니까?"

"영원하신 아버지, 창조주이시며 구속의 주가 되시고 우리의 영혼을 사랑하시는 하나님! 이 시간 새로이 가정을 이루는 이들 위에 복을 주시기를 간절히 원하나이다. 하나님께서 이들의 가정을 보호하실 것을 믿습니다. 이들이 하나님을 그들의 인도자시요, 보호자, 능력의 근원이시며, 그들의 쓸 것을 준비하시는 분으로 믿고 따르게 하옵소서. 그들의 가정을 통해 하나님께 영광을 돌리게 하옵시고, 이제 두 사람이 함께 주의 일에 더욱 힘쓰게 하옵소서. 그들을 통해 하나님의 뜻을 이루시고, 이 세상에 당신의 이름이 이들을 통해 드러나게 하옵소서. 예수님 이름으로 기도합니다. 아멘."

▣ 신랑, 신부 인사 – 키스

신랑! 신부에게 키스하세요.

▣ 새 가정 소개

이 시간은 새 가정을 소개하는 시간입니다. 다같이 큰 박수로 새 가정을 이룬 신랑, 신부를 축하해주시기 바랍니다.

▣ 퇴장

- 신랑/신부
- 들 러 리 (Matron of Honor and Best Man/ Bridesmaids and Groomsmen)
- 화동(Flower Girl and Ring Bearer)
- 남자 들러리들은 다시 돌아가 특별 하객(가족)들을 모신다.
- 다른 안내자들은 하객들을 리셉션장으로 안내한다.

결혼서약서 예문 자료

(예문 1)

▣ 신랑

나, ○○○는 그대 ○○○을 아내로 맞아, 기쁠 때나 슬플 때나 평생을 함께 할 것을 서약합니다. 그리스도께서 교회의 몸 되심과 같이 나도 그대에게 신실한 남편이 될 것을 약속합니다. 또한 그리스도께서 머리되심으로 나의 주인 되심과 같이 나도 그대의 머리가 되어 그대와 함께 하기를 원합니다. 평생에 깊은 사랑과 헌신으로 그대를 돌볼 것이며 다른 무엇보다 하나님을 우선할 것을 약속합니다. 우리의 가정은 그리스도를 바라며 믿음과 소망으로 지켜 나갈 것과, 우리 가정의 지침은 성경말씀에 근거하여 성령님의 이끄심으로 거룩한 처소로 만들어갈 것을 약속합니다. 내 평생에 어떤 어려움이 있더라도 그대를 사랑하며 나의 평생의 반려자로 여기며 사랑과 신뢰로 함께 할 것을 엄숙히 서약합니다.

▣ 신부

나, ○○○는 그대 ○○○을 남편으로 맞아, 기쁠 때나 슬플 때나 평생을 함께 할 것을 서약합니다. 그대가 나에게 그대의 삶과 사랑을 준 것과 같이 나 또한 나의 삶을 기쁨으로 그대에게 온전히 주며, 그리스도를 섬김과 같이 그대를 온전히 섬길 것을 약속합니다. 그리스도께서 그의 교회와 교제하심을 본받아, 나도 그대 ○○○과 함께 하나님을 내 삶의 제일 순위로 여기고, 그대를 사랑하며, 존경하며 살 것을 약속합니다. 하나님께서 나를 그대의 배필로 준비하신 뜻은 나로 하여금 그대를 격려하며, 도우며, 위로자로 삼으셨다는 것을 믿습니다. 그러므로 내 평생에 어떤 어려움이 있더라도 그대를 사랑하며 나의 평생의 반려자로 여기며 사랑과 신뢰로 함께 할 것을 엄숙히 서약합니다.

(예문 2)

▣ 신랑

나는, ○○○, 그대를 사랑합니다. 이 사랑은 하나님께서 예비해 놓으신 것이라는 것을 압니다. 그렇기에 나는 그대의 남편이 되기를 원합니다. 그분의 계획을 따라 우리가 함께 하나님의 귀히 쓰임 받는 그릇으로 사용되어짐으로써, 그리스도께서 우리의 삶 속에 온전히 드러내어질 것입니다. 현재와 다가올 미래에 만나게 될 어떤 어려움이 있다할지라도, 나는 그대에게 최선을 다할 것을 약속 드립니다. 또한 그리스도께서 그의 교회를 위해 하신 것처럼, 우리가 함께 살아가는 동안 그대를 사랑하며 지키며 보호할 것을 약속합니다.

주님께서 그의 교회를 위해 죽으심으로 그 분의 사랑을 나타내신 에베소서 5장과 그분의 권능을 따라, 나도 같은 사랑을 그대에게 보여 드리기를 원하며, 그리스도 앞에서 우리는 하나되었으니 그대를 내 자신과 같이 아끼며 영원히 사랑할 것을 엄숙히 서약합니다.

◾ 신부

나는, ○○○, 그대를 사랑합니다. 또한 그대가 나를 사랑함도 알고 있습니다. 그렇기에 나는 그대의 아내가 되기를 원합니다. 나는, 하나님께 나를 의탁하며 그분의 예정을 따라 선한 길로 인도하여 달라고 ___년 동안 기도한 기도의 응답이 바로 이 시간임을 확신합니다. 현재와 다가올 미래에 만나게 될 어떤 어려움이 있다할지라도, 나는 그대에 최선을 다할 것을 약속 드립니다. "아내들은 그 남편들을 주로 여겨 순복하라"는 말씀과 같이 우리가 함께 살아가는 동안 그대를 사랑하며 섬기며 순종하겠습니다. 그리스도께서 몸된 교회의 머리되심과 같이 남편이 그 아내의 머리됨을 믿습니다. 그렇기에 나는 그대를 온전히 따를 것을 엄숙히 서약합니다.

(예문 3)

◾ 신랑

나, ○○○는 그대 ○○○을 아내로 맞아, 지금으로부터 죽음이 우리를 갈라놓을 때까지 기쁠 때나 슬플 때나, 가난할 때나 부유할 때나, 건강할 때나 혹 아플 때에도 그대를 사랑하며 아낄 것을 진심으로 그대에게 약속 드립니다.

■ 신부

나, ○○○는 그대 ○○○을 남편으로 맞아, 지금으로부터 죽음이 우리를 갈라놓을 때까지 기쁠 때나 슬플 때나, 가난할 때나 부유할 때나, 건강할 때나 혹 아플 때에도 그대를 사랑하며 아낄 것을 진심으로 그대에게 약속 드립니다.

(예문4)

■ 신랑

사랑하는 그대, ○○○, 우리가 함께 창세기의 "이러므로 남자가 부모를 떠나 그 아내와 연합하여 한몸을 이룰지로다"는 말씀과, 잠언의 "누가 현숙한 여인을 찾아 얻겠느냐"라는 말씀을 읽었습니다. 한 남자가 한 여자의 머리됨은 하나님께서 정하신 일임을 믿습니다. 하나님께선 나에게 그리스도께서 교회를 사랑하심과 같이 그대를 사랑하라고 명령하십니다. 이러한 성경의 가르침을 따르는 것이 저의 바람이자 기쁨입니다. 나의 온 마음을 다해 엄숙히 그대에게 서약합니다.

■ 신부

사랑하는 그대, ○○○, 주님께서는 나에게 "주께 하듯 남편에게 순복하라"고 명령하십니다. 하나님 아버지께서 여인을 남자의 돕는 배필로 창조하셨음을 믿습니다. 이러한 성경의 가르침을 따르는 것이 저의 바람이자 기쁨입니다. 나의 온 마음을 다해 엄숙히 그대에게 서약합니다.

(예문 5)

▣ 신랑

나는, ○○○, 그대를 사랑합니다. 오늘은 매우 특별한 날입니다. 그대는 오랫동안 나의 꿈이자 기도 제목이었습니다. 오늘 주님께서 응답하심으로 나의 꿈은 이루어집니다.

○○○, 그대는 나의 기쁨의 면류관입니다. 이제까지 그대와 함께 한 시간들에 대해 주님께 감사 드립니다. 또한 그대가 나에게 큰 의미가 됨을 인해 감사 드립니다. 하나님의 약속을 따라 밝게 빛날 우리의 앞날에서도 더욱 그대를 아끼며 사랑하며 지킬 것을 약속합니다. 나의 삶, 나의 친구, 나의 사랑인 그대, ○○○에게 의탁합니다. 오늘 그대에게 나를 드립니다.

▣ 신부

나는, ○○○, 그대를 사랑합니다. 또한 그대가 나를 사랑함도 알고 있습니다. 하나님께서 그대를 나의 남편으로 삼으셨음을 확신합니다. 내가 그대의 배우자가 되는 것은 또한 나의 기도이자 바람이었습니다. 하나님께서 그대를 향한 특별한 계획을 가지고 계심을 확신하며 나는 주께 하듯 그대에게 온전히 순복하기를 원합니다. 그러므로 나, ○○○는 그대에게 순종하며, 신뢰하고, 사랑하며 살 것을 서약합니다. 그대가 어디로 가든지 나도 따라 갈 것이며, 그대가 머무르는 곳에 나도 머물 것입니다. 그대의 친구들은 나의 친구들이 될 것이며, 또한 그대의 하나님은 나의 하나님이 되심을 믿습니다.

(예문 6)

▣ 신랑

○○○, 그대를 사랑합니다. 나는 이런 사랑이 하나님으로부터 왔음을 믿습니다. 내가 그대의 남편이 됨으로 우리는 함께 예수 그리스도를 섬길 수 있게 됩니다. 비록 현재와 미래의 수많은 불안과 고난의 일들이 있다고 하더라도 나는 그대를 진심으로 사랑할 것을 약속합니다. 우리가 함께 사는 날 동안 그리스도께서 그의 교회를 위해 하신 것처럼 그대를 지키며 보호할 것을 약속합니다. 그리스도께서 교회를 위해 죽으심을 통해 하나님께서는 그분의 큰 사랑을 우리에게 보여주셨습니다. 하나님 앞에서 우리는 하나가 되었으니, 주의 도우심을 따라 그대를 주의 사랑으로 항상 사랑할 것을 약속합니다.

▣ 신부

○○○, 그대를 사랑합니다. 저는, 하나님께서 그분의 예정을 따라 저를 인도하여 달라고 기도해 왔습니다. 이 시간 하나님께서 저의 기도에 응답해 주심으로 인해 그분을 찬양합니다. 그대가 하나님을 따르는 것처럼, 앞으로의 어떠한 일들 속에서도 그대만을 따라갈 것을, 현재의 어려움과 미래의 불안을 버리고 진심으로 약속합니다. 이렇게 함으로 우리는 그리스도를 닮은 모습으로 더 성숙해질 것이며 우리의 가정은 그분을 찬양하는 처소가 될 것입니다.

(예문 7)
▣ 신랑

○○○, 우리가 하나님과 사람들 앞에서 서로에게 공식적인 서약을 함으로, 나는 무엇보다도 그분의 사랑의 마음으로 살아온 나의 삶 전체 위에 임하신 하나님의 권위를 인식하게 되기를 원합니다. 그분은 나를 그의 소유로 삼으셨으며, 또한 지금은 나의 삶 자체가 되셨습니다. 그리고 하나님께서 나에게 복 주시고, 그대를 내 힘으로가 아닌 하나님께서 거저 주시는 선물로 나에게 위임하심을 믿습니다. 이러한 사실을 인식하면서 어떤 상황과 환경 속에서도 하나님께서 우리에게 허락하시는 삶을 사는 동안, 나는 ○○○, 그대를 하나님의 사랑으로 사랑하며, 하나님의 필요를 좇아 그대의 필요를 채우며, 하나님께서 나를 이끄심 같이 그대를 이끌 것을

약속합니다. 내가 그대에게 결혼을 요청하였을 때, 시편 34:4의 "내가 여호와께 구하매 내게 응답하시고 내 모든 두려움에서 나를 건지셨도다"라는 말씀이 나에게 큰 의미가 있었던 것처럼, 오늘은 이 말씀이 내게 특별한 의미를 줍니다. "나와 함께 여호와를 광대하시다 하며 함께 그 이름을 높이세"

▣ 신부

오늘 같이 특별한 이 날에, 나 ○○○는 야고보서 1장 17절의 말씀을 다시 한 번 새겨봅니다. "각양 좋은 은사와 온전한 선물이 다 위로부터 빛들의 아버지께로서 내려오나니 그는 변함도 없으시고 회전하는 그림자도 없으시니라" 그대라는 귀중한 선물과 함께 내 앞에는 많은 책임들이 놓여져 있음을 발견합니다. 고린도전서에서는 "맡은 자들에게 구할 것은 충성"이라고 말씀합니다. 이것은 나의 힘만으로는 할 수 없음을 잘 압니다. 하지만 하나님의 은혜와 그분이 나와 함께 하시면 나는 그대의 아내로서 어디로 이끌든지 순종하며 따름으로 충성할 것입니다. 이 땅 위에 살아있는 한 어떤 환경 속에서도 그대를 그리스도께 하듯 온전히 섬기겠습니다.

(예문 8)

◉ 신랑

○○○, 나는 그대에게 이 반지를 드립니다. 사랑과 기쁨으로 받아주시길 바랍니다. 나는 그대를 나의 아내로 맞이하여 오늘부터 우리가 함께 하는 날 동안 좋을 때나 나쁠 때나, 부유하거나 가난하거나, 건강할 때나 아플 때에도 그대만을 사랑하며 아껴 줄 것을 약속합니다.

◉ 신부

○○○, 나는 그대에게 이 반지를 드립니다. 사랑과 기쁨으로 받아주시길 바랍니다. 나는 그대를 나의 남편으로 맞이하여 오늘부터 우리가 함께 하는 날 동안 좋을 때나 나쁠 때나, 부유하거나 가난하거나, 건강할 때나 아플 때에도 그대만을 사랑하며 아껴 줄 것을 약속합니다. 우리는 그리스도 안에서 하나가 되었으니, 그대를 나의 몸의 일부분과 같이 여기며, 그리스도께서 그의 교회를 위해 죽으심으로 그 사랑을 확증하신 것처럼 그대를 신실함으로 대할 것을 약속합니다.

(예문 9)

◉ 신랑

우리를 맺어주신 하나님 앞에서, 나 ○○○는 그대 ○○○을 아내로 맞아, 그리스도께서 교회를 사랑하시고 교회를 위해 자신을 몸을 드리신 것과 같이 그대를 아끼며 사랑하며 이끌며, 하나님의 인도하심으로 함께 모든 일을 헤쳐나갈 것을 약속합니다. 우리의 결혼은 하나님의 은혜로 된 것을 믿으며, 우리의 구원자이신 예수 그리스도의 장성한 분량까지 함께 성장할 것을 약속합니다.

▣ 신부

이 반지와 함께 우리를 맺어주신 하나님 앞에서, 나 ○○○는 그대 ○○○을 남편으로 맞아, 그대가 하나님을 따름과 같이 평생 모든 일에 그대만을 사랑하며 아끼며 순종하면서 그대를 따라갈 것을 약속합니다. 우리의 결혼은 하나님의 은혜로 된 것을 믿으며, 우리의 구원자이신 예수 그리스도의 장성한 분량까지 함께 성장할 것을 약속합니다.

(예문 10)

▣ 신랑

나, ○○○은 그대 ○○○을 아내로 맞아 죽음이 우리를 갈라놓는 날까지, 혹은 주님께서 그 백성들에게 강림하실 그 날까지 좋을 때나 나쁠 때나, 부유하거나 가난하거나, 건강할 때나 아플 때에도 그대만을 사랑하며 아껴 줄 것을 진심으로 서약합니다. (주례자는 조용히 신부가 오른손으로, 신랑의 오른손을 잡고 다음 예문을 따라할 것을 제안한다)

▣ 신부

나, ○○○은 그대 ○○○을 남편으로 맞아 죽음이 우리를 갈라놓는 날까지, 혹은 주님께서 그 백성들에게 강림하실 그 날까지 좋을 때나 나쁠 때나, 부유하거나 가난하거나, 건강할 때나 아플 때에도 그대만을 사랑하며 아껴 줄 것을 진심으로 서약합니다.

결혼예식 순서

윤 형 복

- 이 예식은 안식년 중 캐나다에서 집례했던 내용으로 독자들에게 참고가 될까 하여 실어 보았다. 각 목회적 상황에 따라 변형하여 사용할 수 있을 것이다. -

확인 : 신랑, 신부, 반주자, 특송자, 사진기사 등
시작 직전 : 신랑, 신부, 양가 부모 정위치, 확인, 자리정돈
촛불 점화(의무적은 아님, 촛불 없어도 상관없음)

신랑 신부 입장

신랑 신부 입장시 축복하는 심정으로 큰 박수를 치겠습니다.

신랑 입장하겠습니다(주악 287장).

신부 입장하겠습니다(웨딩마치 혹은 490장).

개식사

오늘 2000년 12월 1일 여러분의 축하와 축복을 받으면서 ○○○ 군과 ○○○ 양의 결혼식을 거행하겠습니다.

묵도

"사랑하는 자여 네 영혼이 잘 됨같이 네가 범사에 잘 되고 강건하기를 내가 간구하노라"(요삼 1:2) 아멘.

찬송

28장

성경봉독

요한삼서 1:2

설교

'범사가 잘 되는 가정'

서약

이 시간에는 하나님 앞에서 여러분들을 증인으로 모시고 서약을 하는 시간입니다.

신랑에게 묻습니다. 신랑 ○○○ 군! 그대는 하나님 앞에서 ○○○ 양을 정중히 아내로 맞이합니까? (예) 그대는 ○○○ 양을 아내로 맞이하는 이 자리에서부터 하나님을 잘 섬길 뿐만 아니라 아내를 사랑하고 위로하고 보호하여 남편된 자의 책임을 다하기로 하나님 앞에서 엄숙히 서약합니까? (예)

신부에게 묻습니다. ○○○ 양! 그대는 하나님 앞에서 ○○○ 군을 엄숙히 남편으로 맞이합니까? (예) 그대는 ○○○ 군을 남편으로 맞이하는 이 자리에서부터 예수 그리스도를 생명의 구주로 믿는 성도로서 아름다운 신앙생활을 계속하면서 남편을 사랑하고 남편을 위로하고 남편에게 순종하여 아내된 자의 도리를 다하기로 하나님 앞과 여러분들 앞에서 엄숙히 서약합니까? (예)

축복기도
(성경책 위에 신랑 신부의 손을 얹고 주례자가 기도 - 이 성경책은 주례자가 신랑 신부에게 싸인하여 선물로 주면 큰 기념이 될 것임)

성혼공포
나는 주례자인 목사, 하나님의 사자의 자격으로 ○○○ 군과 ○○○ 양이 부부가 된 것을 성부와 성자와 성령의 이름으로 공포하노라. 아멘

예물교환

성경책 증정
나는 이 시간 신랑 신부가 손을 얹고 축복기도 받은 성경을 신랑 신부에게 선물로 드립니다. 이 성경 말씀 안에는

(66권, 1,189장, 32,500가지의 축복 약속) 많은 축복들이 약속되어져 있는데 그 복을 받아 누리기를 바라는 심정으로 성경책 표지 안에 다음과 같이 적었습니다.

- 축! 결혼. 신랑 ○○○ 군, 신부 ○○○ 양. 하나님을 높이는 가정, 모든 민족 위에 뛰어나는 복된 가정, 가문을 빛내는 가정, 후손에게 복을 물려주는 가정이 되기를 축복합니다. 2000년 12월 1일 캐나다한인연합교회 담임목사 ○○○ 목사 -

축가
맡은이나 찬양단

광고
(참석자들 중에 외국인들이 있다면 광고만이라도 영어로 해 주면 좋을 것 같다)

"I know everybody were very busy at this time. But we thank you all for coming here to witness the wedding of _____ and _____ as entering a new life, as one requirement of GOD. Today December 1, 2000. After wedding please take picture as souvineir reception will be at fellowship room.

바쁘신 중에도 새롭게 탄생하는 가정을 축복하시고 축하

해 주시기 위해서 참석해 주신 모든 분들께 양가를 대표해서 주례자가 대신 감사의 말씀을 드립니다. 계속해서 두 젊은이와 새 가정을 위해서 기도해 주시고 지도 편달해 주시기를 부탁 드립니다.

찬송

287장 1절

축도

신랑 신부 인사

(1) 신부측 부모님께 : "신랑 신부는 신부측 부모님을 향하여 서기 바랍니다. 그동안 키워 주시고 공부시켜 주시고 결혼하기까지 사랑의 뒷바라지를 아끼지 않으신 신부측 부모님께 '고맙습니다'라는 표로 정중하게 절을 드리도록 하겠습니다." "인사!"

(2) 신랑측 부모님께 : "신랑 신부는 신랑측 부모님을 향하여 서기 바랍니다. - 위의 내용과 동일 -"

(3) 축하객들에게 : "신랑 신부는 하객 여러분을 향하여 서기 바랍니다. 이 시간에는 바쁘신 중에서도 오셔서 축복해 주시고 축하해 주신 여러분들께 '감사합니다'라는 심정으로 절을 드리겠습니다." "인사!"

출발

이제 두 젊은이가 여호와께서 열어 주신 시온의 대로의 승리와 성공과 행복이 약속된 길을 힘차게 출발하겠습니다. 여러분은 힘찬 박수로 축복해 주시기 바랍니다. "출발!"

일반적인 결혼예식에서의 설교와 기도 ①

사랑의 5가지 속성

에베소서 5:22~23, 28~31, 고린도전서 13:4~7

김 호 식

　두 사람의 결혼을 진심으로 축하합니다. 성경 벽두에 보면 태초에 하나님이 천지만물을 창조하실 때 매일 만드신 대상을 보시고 "보시기에 좋았더라"고 하셨습니다. 그러나 여섯째 날은 인간을 창조하시고 "사람이 혼자 사는 것은 좋지 않다"(창 2:18)고 생각하시고 다시 손을 대시어 여자를 반려자로 창조해 주셨습니다. 그래서 사람이 성장하여 결혼하는 것은 하나님의 창조섭리에도 부합하는 일이요, 우리 사회에 있어서도 가장 큰 '인류의 대사'로 여기고 있는 일입니다.

　사람은 두 번 태어납니다. 첫 번째 탄생이 모태로부터의 탄생이라고 한다면 두 번째 탄생은 결혼이라 할 수 있습니다. 그러나 첫 번째 탄생이 본인의 의사나 결정이 참여함 없이 태어나는 것인데 비하여, 두 번째 탄생인 결혼은 본인의 의지와 결정이 참여하는 태어남이기 때문에 뜻으로 보아 더욱 중대한 것은 결혼이라 말할 수 있습니다. 그래서 결혼을 잘하면 일생 행복하고, 결혼을 잘못하면 일생 불행한 것입니다.

　이렇게 중대한 결혼에 대하여, 이렇게 중대한 부부가 되는 비결에 대하여 읽어드린 본문 성경말씀에 의하면 사도 바울은 "아내는 남편에게 순종하고 남편은 아내를 자기 몸같이 사랑하라"는 말로 요약해 주셨습니다. 이 말씀은 이미 이천 년 전에 기록된 말씀이지만 이천년 동안 수많은 커플들이 이 말씀을 지켜 아름다운 가정을 꾸며 왔습니다. 그러니 두 사람도 오늘 이 말씀을 마음에 담아 두기를 바랍니다.

그 다음에 읽어드린 고린도전서 13장 4~7절은 소위 '사랑의 노래'라는 대목인데, 여기 서술된 '사랑의 내용'에는 그 어느 한 줄도 "사랑은 행복하고 안일한 정서"라든지, "사랑은 남녀간의 자연적인 친화력"이라든지 하는 내용이 없다는 점입니다. 사랑의 서술은 첫줄이 "오래 참는다"는 말로 시작하여 끝줄이 "모든 것을 견딘다"는 말로 끝나고 있습니다. 그러므로 부부애도 "은행에 저축해 두었던 돈을 결혼식날 찾아서 한꺼번에 손에 쥐는 것"과 같은 것이 아니고, 오랜 기간 동안 두 사람이 서로 노력하여 창출해 가는 내용입니다. 그러니 두 사람도 오늘부터 벽돌 하나하나를 쌓아서 높은 부부애의 탑을 이룩하겠다는 각오로 출발해 주기를 바랍니다. 부부애는 의지와 집념의 탑입니다. 부부애는 평생 익는 열매입니다.

사랑에는 흔히 5가지 속성이 있다고 합니다. 관심, 이해, 책임, 희생, 기쁨이 그 5가지입니다.

첫째, 오늘부터 두 사람은 서로 관심을 가지는 부부가 되길 바랍니다. 그 사람의 몸이 건강한가? 마음이 언짢은가?

칼로도 벨 수 없고 둑으로도 막을 수 없는 넘쳐나는 관심, 쏟아지는 연모를 서로 가지기 바랍니다.

둘째, 오늘부터 두 사람은 서로 이해할 줄 아는 부부가 되길 바랍니다. 배우자의 생활습관, 가치관, 마음, 장점은 물론이러니와, 배우자의 단점도 이해하여 포용하는 부부가 되길 바랍니다. 이해는 필연적으로 용서를 가져옵니다. 누구나 재치 있고 매력 있는 연인은 되기 쉬워도 오랜 배우자가 되는 것은 쉽지 않습니다. 오랜 결혼생활은 3할은 정열이요 7할은 용서입니다.

셋째, 오늘부터 두 사람은 서로 책임적인 부부가 되길 바랍니다. 경제적으로, 법적으로 책임지는 데서 끝나는 것이 아니라 배우자의 심신영혼을 돌보아 주고 행복하게 만들 책임을 서로가 가지는 것입니다. 행복은 행복 자체를 목적으로 할 때 오는 것이 아니라 의무를 전제로 할 때 오는 것입니다.

넷째, 오늘부터 두 사람은 서로 희생하는 부부가 되기 바랍니다. 부부애란 주는 것, 희생하는 것, 자기 융해의 기쁨을 말합니다. 배우자를 위하여 희생하는 것이 없다면 배우자를 사랑했다고 말할 자격이 없습니다. 그런 의미에서 결혼이란 혈통전승이나 두 사람의 행복이라는 의미를 훨씬 넘어서 인격 완성을 위해 필요한 것이며, 사람들은 결혼생활을 통하여 하나님의 속성을 배워 가는 것입니다. 그래서 결혼은 하늘에서 설립되고 땅에서 완성되는 남녀의 관계를 말합니다.

다섯째, 오늘부터 두 사람은 서로 기쁨을 가지는 부부가 되길 바랍니다. 부부애란 기쁨이요, 환희요, 몰두요, 황홀입니다. 마지못해서 억지로 사랑하는 것이 아니라, 사랑하고 싶어서 사랑하고 사랑해서 넘쳐나는 인생의 보람입니다. 오늘부터 두 사람 사이에는 두려움이 없어야 합니다.

부디 행복하고 건실하게 살아서 많은 후배들에게 그리스도인의 부부애의 모범을 보여 주기 바라며, 크리스천 홈의 모델을 보여 주기를 부탁합니다.

마지막으로, 크리스천 홈은 미션 없이 성립하지 않습니다. 하나님이 특별히 두 사람의 가정에 주신 사명이 무엇인가를 생각하면서 살아가길 바랍니다.

김호식 목사는 예닮교회를 담임하고 있다.

일반적인 결혼예식에서의
설교와 기도 ②

사랑은…
에베소서 5:22~23, 28~31, 고린도전서 13:4~7

김호식

사회적인 동물인 인간은 일생에서 수많은 만남을 경험하게 됩니다. 그 많은 만남 중에서 가장 중요한 만남은 하나님과의 만남과 배우자와의 만남입니다. 오늘 두 사람은 이 두 만남을 성공적으로 이룩한 점을 축하합니다.

인간의 일생은 수많은 결단과 결정으로 이어집니다. 오늘 결혼식에 무슨 옷을 입고 갈까 하는 식의 작은 결단으로부터 시작하였듯이 크고 중대한 결단이 필요합니다. 그 많은 결단 중에 "나는 이 사람과 부부가 되어 일생 동안 해로하리라." 하는 결단입니다. 이 결단을 잘 내린 점을 축하합니다.

사람은 두 번 태어납니다. 첫 번째 탄생이 모태로부터의 탄생이라고 한다면 두 번째 탄생은 결혼이라고 할 수 있습니다. 그러나 첫 번째 탄생이 본인의 의사나 결정이 참여함 없이 태어나는 것인데 비하여, 두 번째 탄생인 결혼은 본인의 의지와 결정이 참여하는 태어남이기 때문에, 뜻으로 보아 더욱 중대한 것은 결혼이라 말할 수 있습니다. 그래서 결혼을 잘하면 일생 행복하고, 결혼을 잘못하면 일생 불행한 것입니다.

결혼은 최대의 매혹과 최대의 기회의 결합이므로 우리에게 항상 인기의 대상입니다. 결혼은 자손만대의 시작입니다. 인간에게는 인격 완성을 위해서 결혼이 필요하며, 사람들은 결혼생활을 통하여 하나님의 인격을 배워 가는 것입니다. 결혼이란 평생의 기적이요 나날이 새로워지는 자생(自生)의 경이입니다.

이렇게 중대한 결혼에 대하여, 이렇게 중대한 부부가 되는 비결에 대하여 읽어드린 성경말씀에 의하면 사도 바울은 "아내는 남편에게 순종하고 남편은 아내를 자기 몸같이 사랑하라"는 말로 요약해 주셨습니다. 이 말씀은 이미 이천년 전에 기록된 말씀이지만 이천년 동안 수많은 커플들이 이 말씀을 지켜 아름다운 가정을 꾸며 왔습니다. 그러니 두 사람도 오늘 이 말씀을 마음에 담아 두기 바랍니다.

그 다음에 읽어드린 고린도전서 13장 4~7절은 소위 '사랑의 노래'라는 대목인데, 여기 서술된 '사랑의 내용'에는 그 어느 한 줄도 "사랑은 행복하고 안일한 정서"라든지, "사랑은 남녀간의 자연적인 친화력"이라든지 하는 내용이 없다는 점입니다. 사랑의 서술은 첫 줄이 "오래 참는다"는 말로 시작하여 끝 줄이 "모든 것을 견딘다"는 말로 끝나고 있습니다. 그러므로 부부애도 "은행에 저축해 두었던 돈을 결혼식 날 찾아서 한꺼번에 손에 쥐는 것"과 같은 것이 아니고, 오랜 기간 동안 두 사람이 서로 노력하여 창출해 가는 내용입니다. 그러니 두 사람도 오늘부터 벽돌 하나하나를 쌓아서 높은 부부애의 탑을 이룩하겠다는 각오로 출발해 주기를 바랍니다. 부부애는 의지와 집념의 탑입니다. 부부애는 평생 익는 열매입니다.

오늘 결혼에 대해서 네 가지만 말씀 드리려고 합니다.

1. 사랑은 용서입니다.

재치 있고 매력 있는 연인은 되기 쉬우나 관용하고 부드러운 평생의 배우자는 쉽게 되는 것이 아닙니다. 노력해야 됩니다. 그러므로 어느 부부나 적어도 한쪽은 바보가 되어야 합니다. 배우자에게 결점이 발견될 때 하나님께 감사 드려야 합니다. 왜냐하면 결점이 없는 배우자는 반려자가 아니라 감시자이기 때문입니다. 그래서 결혼 전에는 상대방을 두 눈 똑바로 뜨고 보고, 결혼 후에는 한 눈 감고 보라고 합니다. 즉 장점만 보고 단점을 보지 말라는 뜻입니다.

2. 결혼은 2인 3각의 운동경기에 비유할 수 있습니다.

두 사람이 다리를 함께 묶고 달릴 때, A의 페이스에 B가 무조건 따라 오라고만 강요해도 안되고, B의 걸음에 A가 맞추려고만 해도 안됩니다. 제3의 페이스를 창출해 내는 것이 결혼생활의 비결입니다.

3. 결혼을 '한 마당에 선 두 그루의 나무'에 비유합니다.

지면 밑 보이지 않는 데에서는 뿌리가 서로 얽혀 있더라도 지상, 즉 보이는 곳에서는 서로 점잖게 떨어져 서 있는 것입니다. 서로 노예가 되면 안됩니다. 그러나 한 마당에 서 있으므로 봄이면 함께 움트고, 여름이면 함께 성장하고, 폭풍의 밤이면 함께 가지가 휘어져 울고, 결실의 가을이면 함께 열매를 맺고, 겨울이면 함께 잎이 져서 같은 땅에 들어가는 것 그것이 부부의 삶입니다.

4. 남편은 코미디언, 아내는 심리학자가 되라고 권합니다.

남편은 밖에서 속상하는 일이 있어도 그것을 집으로 가지고 들어가지 말고, 집에 들어갈 때는 "아내와 아이들을 즐겁게 해 주리라"는 각오로 들어가고, 아내는 남편이 일일이 말하지 않더라도 남편의 마음을 헤아려 아는 심리학자가 되면 집안은 평화롭고 만사는 형통할 것입니다.

박인로의 '노계집'의 오륜가에 "남으로 생긴 것이 부부같이 중할런가 사람의 백복이 부부에 딸렸으니 이리 중한 사이에 아니 화(和)고 어쩌리."라는 시조가 있습니다. 사람이 백 가지 복이 다 부부 관계에서 연유한다는 뜻입니다.

순결은 여성의 명예요 진실은 남성의 명예입니다. 사랑 없는 결혼이 있는 곳에 결혼 없는 사랑이 있습니다. 부디 행복하고 건실하게 살아서 많은 사람들에게 그리스도인의 가정이 어떻다는 모범을 보여주기를 바랍니다.

기도

"인생의 생사화복을 주장하시는 하나님 아버지, ○○○ 군과 ○○○ 양을 부부로 인연 맺어 주시오니 감사합니다. 이 일은 사람의 뜻으로만 된 것이 아니라 하나님의 원대하신 섭리와 사랑으로 되어진 일인 줄 믿사옵고 감사 드립니다. 하나님께서 짝지어 주셨으니 이제 성령을 두 사람에게 보내시어 이 거룩한 장소에서 맺은 약속이 평생 동안 지켜질 수 있도록 감독하시고 도와 주옵소서. 이제 두 사람 속에 당신의 사랑을 닮은 청순하고 희생적인 사랑을 보내시어 이 험악한 세상 살아가는 동안 사랑의 힘으로써 이기고 남음이 있도록 도와 주옵소서.

두 사람의 결합이 두 사람의 행복에서 그칠 것이 아니라, 양가의 영원한 우의와 번영이 되게 하시며 우리 사회와 우리 교회의 큰 기쁨이 되게 하옵소서.

오늘 새로이 탄생한 가정에 풍성한 물질의 축복을 주옵소서. 부모님을 공경하고 자녀를 교육시키고 아름다운 일에 인색하지 않게 쓸 수 있을 뿐 아니라 어려운 이웃을 도와 줄 수 있는 여력까지 있도록 풍성한 물질의 은혜를 주옵소서.

오늘 탄생한 새 가정에서 자녀의 축복을 주옵소서. 두 사람으로부터 시작하여 가문이 이 땅에서 번창하게 하시고 후

손 중에 위대한 인물들이, 훌륭한 인재들이 태어나게 하옵소서. 하나님은 우리에게 자녀를 낳아 키워 보게 함으로써 우리를 낳아 지금까지 길러 주신 부모님의 은공도 생각나게 하시고, 하늘 아버지께서 우리 인류를 얼마나 사랑하시는 지도 깨달아 알게 하십니다.

오늘 결혼한 사람은 모두 다 교육받은 사람이며 신앙인입니다. 그 인격에 걸맞은 명예로운 일, 덕스러운 일이 그 가정에 계속 일어나게 하시고, 두 사람의 인격을 실추시킬 만한 부끄러운 일이 일어나지 못하도록 주님께서 친히 막아 주시고 지켜 주옵소서.

두 사람은 열심히 살고 진실하게 살며 하나님 아버지를 섬기는 신앙심도 돈독하게 하시고, 양가의 부모님께 효도하고 온 집안에 우의가 넘치도록 노력하는 사람이 되게 하옵소서. 이 사회 이 민족을 위해 공헌하고 봉사하는 창조적인 가정이 되게 하옵소서. 건강의 축복을 주시어 부부가 해로하고, 시련에는 승리하게 하옵소서.

오늘 두 사람의 결혼을 축하하기 위하여 이 자리에 오신 모든 하객들에게 하나님께서 일일이 축복으로 갚아 주옵시고, 젊고 청순한 두 사람의 결혼을 지켜봄으로 말미암아 자신들의 결혼생활을 돌이켜 볼 수 있는 귀중한 은혜의 시간이 되게 하옵소서.

이 많은 분들의 축하를 받으며 결혼한 두 사람은 이분들의 기대에 어긋나지 아니하는 아름답고 건실한 가정으로 지금

부터 무럭무럭 자라가게 하옵소서. 예수 그리스도의 이름으
로 기도 드리옵나이다. 아멘."

일반적인 결혼 예식에서의
설교와 기도 ③

새 가정이 받을 복
잠언 3:15~18
윤 형 복

복에는 지상적 복이 있고 천상적 복이 있습니다.

사람이 세상에 태어나서 부모를 잘 만나는 것도 복이고 자식을 잘 만나는 것도 복입니다. 스승을 잘 만나는 것도 복이고 제자를 잘 만나는 것도 복입니다. 친구를 잘 만나는 것도 복입니다. 그런데 배우자를 잘 만나는 것은 제2의 인생설계를 꾸미는 사람에게는 대단히 중요한 복이라고 하겠습니다. 왕과 결혼하면 왕비가 되지만 도둑과 결혼하면 도둑의 동조자가 되는 것입니다. 그래서 결혼은 중요합니다. 새 가정을 꾸미고 복된 생활을 누려야 할 것입니다. 성경에 보면 영혼이 윤택하면 범사가 잘 된다고 했습니다. 영혼이 윤택하다는 것은 하나님을 가정의 호주로 모시고 하나님의 인도함을 받는 삶을 말합니다. 하나님을 높이는 가정, 하나님의 사랑을 받는 가정은 하나님의 복을 받습니다.

1. 생명의 복을 받습니다.

사람이 세상을 살아가는데 필요한 귀중하고 소중한 것들

이 참으로 많지만 무엇보다도 생명의 귀중함입니다. 그 생명의 창조자는 하나님이시며 그 생명을 주관하시는 분도 하나님이십니다. 그러므로 오늘 결혼하는 두 젊은이는 생명의 근원 되시는 하나님께 삶을 위탁하며 살아야 할 것입니다. 그것이 생명의 복을 누리는 비결이기 때문입니다. 천국에서 영생하는 복은 물론 이 세상에서 살아가는 동안에도 영육을 강건하게 하나님께서 인도해 주실 것입니다.

2. 존귀한 복을 받습니다.

존귀한 복을 받게 되면 생애를 살아가는 동안 하나님께는 하나님을 높이는 가운데 하나님의 사랑감이 될 것이고, 부모님께는 효도하는 가운데 부모님의 기쁨감이 될 것입니다. 이웃에게는 나누어 주며 사는 물질과 아름다운 환경의 복, 물질의 부요와 지혜의 복을 받아 누리게 될 것입니다. 이런 은혜가 새 가정에 충만하기를 소망합니다.

3. 하늘의 신령한 은혜를 맛보며 평강의 복을 받고 살아갑니다.

세상을 살아가는 동안 물질, 명예, 권력, 건강, 아름다운 여건이 다 있다해도 마음 속에 진정한 평화가 없다면 그를 가리켜 행복자라고 말하기는 어려울 것입니다. 그러므로 마

음의 평화, 평강의 복을 누리고 산다는 것은 엄청난 축복이
아닐 수 없습니다.

전능하신 하나님께서 권능의 손을 펴시어 날마다 달마다
인도하시고 보호해 주실 때 가능한 복입니다. 이런 하늘의
복, 평강과 희락을 소유하고 살 수 있기를 소망합니다.

4. 자녀 손의 복을 받습니다.

신명기 28장 1~6절을 보게 되면 하나님의 말씀을 듣고
그 말씀을 지키는 자는 세계 모든 민족 위에 뛰어나는 복을
받게 되고 자녀 손이 복을 받는다고 했습니다. 본인도 복을
받고 살아가야 되겠지만 후손의 복을 받는다는 것도 중요한
것입니다. 아름다운 복된 자녀 손을 키우며 살 수 있다는 것
은 큰 축복인 것입니다.

오늘 결혼하는 두 젊은이는 영육의 복을 받아 누릴 뿐만
아니라 씩씩하고 예쁘고 총명한 자녀 손들이 가문을 이루어
자손만대 하나님을 높이고 하나님의 영광을 만방에 나타내
며 사는 아름다운 가정 복된 가정이 될 수 있기를 간절히 소
망합니다. 이런 귀중한 복들은 질그릇 같은 인간이 스스로
만들어 낼 수 없습니다. 천지의 주재자 되시고 인간의 생사
화복을 주장하시는 전능하신 하나님께서 주실 때 가능한 것
입니다.

이제 새 가정을 꾸미는 두 젊은이가 하나님을 경외하며 높

이는 믿음의 장부가 되어 이런 복을 다 받아 누릴 수 있기를 소망합니다.

부모님께는 효도하고 가족과 친척, 친지, 이웃에게는 화목을 도모하는 평화의 메이커가 되어 이 귀한 복을 받아 누리기를 소망합니다. 그리고 삶의 현장 속에서는 성실하게 최선을 다하며 사는 일꾼으로서의 청지기적 사명을 다하시는 가운데 이 모든 복을 받아 누릴 수 있기를 바랍니다.

진리의 길을 걸어가되 죄악에 오염되지 않고 깨끗하게 사는 가운데 하나님께 이 모든 복을 받아 누리면서 살아가는 복된 가정이 될 수 있기를 간절히 소망합니다.

기도

"자비로우신 하나님 아버지, 은혜를 감사합니다.

하나님께서 창세 전에 택하신 귀한 두 젊은이가 오늘 결혼예식을 할 수 있도록 은혜를 베풀어 주심을 감사합니다. 원하옵기는 오늘 새 가정을 꾸미는 두 젊은이를 축복하시사 영혼이 잘 됨같이 범사가 잘 되는 은혜를 허락하옵소서. 영혼의 복을 허락하옵시고 존귀함의 복을 허락하옵소서. 하늘의 평강을 늘 소유하며 살게 하시고 후손의 복도 허락하옵소서.

하늘의 신령한 복과 땅 위의 기름진 복을 받아 많은 사람들에게 나누어 주며 살게 하옵소서.

지금까지 이들을 양육하며 교육시켜 주시며 오늘이 있기까지 기도와 헌신을 아끼지 않으신 양가 부모님들께 하늘의 축복을 풍성하게 허락하옵소서.

친척 친지들을 축복하시고 오늘 이 자리에 참석하여 이들을 축복하는 심정으로 결혼예식에 참여하신 하객들을 축복하옵소서.

다시 한 번 원하옵기는 오늘 결혼식을 올리며 새 가정을 꾸미면서 제2의 인생의 첫발을 내딛는 이들을 축복하시사 장래를 복되게 하시어 하나님 앞과 사람 앞에서 존귀함을 받는 아름다운 가정이 되게 하옵소서. 예수 그리스도의 이름으로 기도 드리옵나이다. 아멘."

사랑으로 출발하라!

고린도전서 13:4~8

편집부

러시아의 대작가 톨스토이는 '사람은 무엇으로 사는가?' 라는 주제로 많은 우화를 썼습니다. 특히 그는 '바보 이반' 에 대해서 여러 이야기를 남겼는데, 그 소설에서 톨스토이는 사람은 항상 '사랑' 으로 사는 것이라고 결론을 내렸습니다. 만약 사람이 살아가는 세상에서 '사랑' 이라는 말이 갑자기 없어져 버린다면 인생은 더 이상 의미를 찾을 수 없는 아수라장이 될 것입니다.

오늘 우리가 살고 있는 현대 사회에는 사랑이라는 말이 너무 난무하는 반면, 참 사랑의 가치와 의미는 점점 상실해 가고 있습니다. 이런 가운데 어제나 오늘이나 변치 않는 하나님의 말씀은 오늘 우리에게 참 사랑이 무엇인지를 가르쳐 주고 있습니다. 그 귀한 사랑의 진리가 오늘 가정을 이루는 두 분과 이 자리에 모인 우리 모두에게 아로새겨지기를 바랍니다.

"사랑은 오래 참습니다.
사랑은 친절합니다.

사랑은 시기하지 않습니다.

사랑은 자랑하지 않습니다.

사랑은 교만하지 않습니다.

사랑은 무례하지 않습니다.

사랑은 사욕을 품지 않습니다.

사랑은 성을 내지 않습니다.

사랑은 앙심을 품지 않습니다.

사랑은 불의를 보고 기뻐하지 아니하고

진리를 보고 기뻐합니다.

사랑은 모든 것을 덮어 주고

모든 것을 바라고

모든 것을 믿고

모든 것을 견디어 냅니다."

사랑이 무엇입니까? 눈물의 씨앗입니까? 아닙니다. 사랑은 결코 정의될 수가 없습니다. 사랑은 정의되는 순간 이미 사랑이 아닌 것입니다. 오늘 주신 하나님의 말씀은 사랑의 행동을 묘사하는 특성이라고 말할 수 있습니다. 오늘 이 예식을 갖기 전 저는 오늘 결혼예식의 당사자인 형제 자매와 몇 차례 만나서 이 15가지 사랑의 실천 덕목을 나누었습니다. 결혼 수업을 하나님의 말씀으로 나누었습니다. 저는 오늘 주례사를 겸한 결혼 메시지를 결혼 수업의 연장선상에서 메시지로 전하고 있습니다.

누군가 써놓은 '결혼을 위한 부부 십계명'이 이 15가지 사랑의 행동을 실천하는데 도움이 될 것 같아 소개하고자 합니다.

제일은, 두 사람이 동시에 화를 내지 말지니라.

제이는, 집에 불이 났을 때 외에는 고함을 지르지 말지니라.

제삼은, 눈이 있어도 흠을 보지 말며 입이 있어도 실수를 말하지 말지니라.

제사는, 아내나 남편을 다른 사람과 비교하지 말지니라.

제오는, 아픈 곳을 긁지 말지니라.

제육은, 분을 품고 침상에 들지 말지니라.

제칠은, 처음 사랑을 잊지 말지니라. 결혼식을 마칠 때 목사의 축도는 이제 로맨스가 끝났다는 뜻이 아니라 로맨스가 영원히 머물러 있기를 비는 기원이다.

제팔은, 결코 단념하지 말지니라. 부부싸움은 칼로 물베기, 기다리지 말고 먼저 웃고 손을 내밀라.

제구는, 숨기지 말지니라.

제십은, 본래의 중매자를 따돌리지 말지니라. 남자와 여자를 짝지어 주신 이는 하나님이시다.

캘릴 지브란은 이런 시를 썼습니다.

"당신들 사이에 공간을 두십시오.

거기에 하늘의 미풍이 춤추도록….
사랑은 얽어매는 쇠사슬이 아닙니다.
영원이란 해변에서 영원히 움직이는 파도입니다."

오늘 결혼예식을 올리는 두 분은 세상에서 가장 이상적인 만남이라고 생각합니다. 왜냐하면 첫째는 얼굴이 닮았습니다. 이렇게 닮은꼴이 미국에서 만나 결혼식을 올리게 되리라고 누가 상상했겠습니까? 하나님께서 한국에 있는 ○○○ 형제를 미국에 보내시어 닮은꼴의(잘 아는 사람들은) 신부 ○○○ 자매를 만나게 해주셨습니다.

둘째는 두 사람의 정서가 같습니다. 한 사람은 시인, 또 한 사람은 음악인, 시를 쓰고 작곡을 하고, 한 사람이 시를 조아리면, 한사람은 백뮤직을…. 얼마나 아름답습니까? 하나님께서 이렇게 두 분을 만나게 해주셨습니다. 그러므로 이 결혼예식은 하나님의 축복의 햇살이 이 두 분에게 비치고 있습니다.

셋째는 이 두 분의 가정 환경의 정서가 너무 잘 어울립니다. 잘 아시다시피 ○○○ 형제는 시인의 가정에서 자랐습니다. 반면에 ○○○ 자매의 부모님들도 모두 음악인들입니다. 많은 음악 지망생들을 기르는 일을 하시는 분들입니다. 뿐만 아니라 양가 모두 예수 그리스도를 믿는 믿음의 가정들입니다.

이런 배경 속에서, 이런 아름다운 만남의 조건 가운데서 두 분이 만났습니다. 그러므로 두 분은 오늘 하나님의 말씀을 근거해서 완전한 사랑을 가꾸어 가기를 바랍니다.

이제 잠시 후 이 결혼예식도 끝이 납니다. 하객들도 각자 집으로 돌아갈 것입니다. 이 예식장소의 조명도 꺼집니다. 문도 닫힙니다. 신랑 신부도 이 자리에 머무를 수 없습니다. 새로운 출발을 해야 합니다. 사랑으로 출발하십시오.

보이는 것들은 사라집니다. 사도 요한은 "이 세상도 그 정욕도 지나간다"(요일 2:17)고 말합니다. 히브리서 1장 10절에는 "하늘과 땅에 있는 모든 것이 옷과 같이 낡아지리라"고 말합니다. 그러나 사랑은 사라지지 않습니다. 영원합니다. 오늘 본문의 13장 8절이 결론을 줍니다. "사랑은 가실 줄 모릅니다."

타종교인과의 결혼

기억해야 할 네 가지

박광철

　오늘은 참으로 기쁜 날입니다. 사랑하는 두 사람이 하나님과 부모와 여러 증인들 앞에서 아름다운 결혼식을 하게 된 것을 축하합니다. 가정은 이 세상에서 제일 먼저 생긴 가장 기본적인 인간의 공동체입니다. 나라와 민족, 국가와 학교와 군대가 생기기 전에 창조주가 가장 먼저 만든 가장 작은 유기체이기도 합니다. 결혼과 가정은 사람들이 살다가 불편하거나 서로 도움이 필요해서 고안해 낸 것이 아니라 창조주 하나님께서 중요한 목적을 가지고 생각해 내신 아주 귀한 것입니다. 그러므로 참으로 행복하고 아름다운 부부와 가정을 갖기 원한다면, 반드시 원래의 고안자의 의도를 잘 알아서 따라야 하는 것입니다. 본인은 두 사람이 복되고 아름다운 가정을 갖기 위해서 반드시 기억해야 할 네 가지의 원리를 말하고자 합니다.

1. 두 사람은 꼭 같이 사십시오.

　물론 두 사람이 같이 살려고 결혼하는 것입니다. 그런데 유감스럽게도 어떤 사람들은 돈을 번다는 이유, 공부, 사업 때문에 한 지붕 밑에서 살지 못합니다. 특별한 경우에 얼마 동안 떨어져 있을 수 있겠지만, 그 기간이 길어지면 두 사람 사이에 어려움이 생길 염려가 있습니다. 그런 의미에서 별거는 모두에게 해가 되므로 금하십시오.

두 사람이 같이 산다는 것은 몸만 같이 사는 것이 아니라 마음도 하나가 되어야 한다는 것입니다. 같이 산다는 것은 즐거움을 같이 나누고, 가슴 아픈 일이나 눈물도 같이 나눈다는 것입니다. 아내가 슬퍼할 때에 남편이 그것을 이해해야 하고, 남편이 고민할 때에 아내가 그것을 동감하는 것이 진정한 의미로 같이 사는 것입니다.

2. 두 사람은 서로 깊이 사랑하십시오.

두 사람은 사랑하기 때문에 결혼하게 되었습니다. 그런데 행복한 부부가 기억해야 할 사랑에는 이해와 책임성이 따라야 합니다. 이해는 상대방을 있는 그대로 용납하는 것이며, 자기 주장을 양보해야 가능합니다. 그리고 책임성이란 상대방의 필요에 적절하게 대응해 주는 것입니다. 이 사랑은 오래 참는 것이며, 자신의 유익보다 상대방의 유익을 위하는 것입니다.

사랑하면 허물이 가려지고, 사랑하면 그를 위해서 하는 일이 힘들지 않습니다. 사랑에는 신기한 힘이 있기 때문입니다. 오래 참고 견디고 믿어 주는 사랑을 더 깊이 하십시오. 결코 경쟁하거나 남과 비교하거나 시기하지 마십시오. 사랑에는 의심이 없어서 서로 신뢰하게 됩니다. 진정한 사랑은 언제나 희생이 따르는 것이어서, 상대방의 유익을 위해서 자신의 불편과 어려움을 즐겁게 감당하는 것입니다. 이런 사랑을 하십시오.

3. 두 사람은 자기 역할을 잘 감당하십시오.

아내는 남편을 가정의 가장(家長)으로 알고, 그를 사랑하는 마음으로 그에게 순복해야 합니다. 젊고 건강하고 힘있을 때만 아니라 나이 들고 힘없고 병들어도 변함 없이 돕는 배필로서의 아내의 역할을 잘 감당하기 바랍니다. 속사람이 아름다운 것은 물론이거니와 겉사람도 다듬어서 아담하고 아름다운 아내가 되도록 노력하십시오.

남편은 가정의 책임자입니다. 이것은 창조주 하나님께서 세우신 원칙입니다. 먼저 아내를 사랑하되 목숨을 내어놓을 수 있을 정도로 사랑할 것을 각오하십시오. 어떤 어려움이 와도 아내를 탓하거나 핑계대지 말고 당당하게 가장의 자리를 지키십시오. 그리고 자녀가 생기면 아버지로서 책임을 다

하고 자녀 교육도 아내에게만 맡기지 말고 최선을 다해 협력하십시오.

4. 두 사람은 하나님을 더 잘 섬기십시오.

하나님을 믿고 사랑하고 경외하는 것은 인간의 도리입니다. 지금은 두 사람의 종교가 다르며, 종교를 선택하는 데에는 누구에게나 자유가 있습니다. 그렇지만 진정으로 행복한 부부와 가정이 되려면 같은 신앙을 가져야 합니다. 삶의 목적과 방향이 같아야 더 힘을 내고 더 잘 달릴 수 있지 않겠습니까? 일생에 가장 중요한 예식 가운데 하나인 결혼식을 하는데 있어서 두 사람이 목사의 주례를 결정한 것을 보아도, 두 사람은 이미 좋은 시작을 한 것입니다. 결국 인간은 창조주 하나님께로 돌아가야 합니다. 예수 그리스도를 믿는 것이 하나님께로 가는 가장 확실한 길입니다. 우리의 행복을 위해서 인간의 결혼을 처음 고안해 내신 하나님은 사랑하는 부부가 정말 행복하기를 원하시며, 그런 행복은 하나님께 대한 신앙을 통해서 주어집니다.

이제 마지막으로 부탁할 것이 있습니다. 태어나고 성장한 배경이 다르고 성격과 교육의 배경이 다른 두 사람이 같이 살다 보면 종종 원치 않는 갈등이 생기기도 합니다. 그런 갈등을 잘 극복하기 위해서 신랑 신부는 다음의 말을 먼저 하십시오. 그러면 놀랍게도 갈등이 멈추고 평안과 기쁨이 회복됩니다. 한 번 따라 해 보십시오. 먼저 신랑이 주례자를 따라서 말하세요. "미안해요. 내가 잘못했어요. 사랑해요!" 이번에는 신부가 따라 하시기 바랍니다. 언제든지 두 사람 사이가 불편하게 되면 누구든지 먼저 용기와 사랑을 가지고 이 말을 하십시오. 두 사람은 부부로서 오래오래 행복하기를 바랍니다.

기도

"우리의 창조주 되시는 하나님, 오늘 두 사람의 결혼을 감사합니다. 이들에게 하나님의 특별한 은혜를 부어 주셔서, 일생 동안 몸과 마음이 건강하게 하시고, 땀흘려 일할 것이 있게 하시고, 경건한 자녀도 주시기를 바라며, 사회에서 유익한 사람들이 되도록 도와 주옵소서! 그리고 무엇보다도 두 사람이 한몸이 되어 하나님을 잘 섬겨서, 영생의 복도 누리기를 기도합니다. 양가 부모님과 형제들, 그리고 친구들에게도 하나님의 은혜를 주셔서, 진정으로 복되고 멋진 삶을 누릴 수 있도록 해 주옵소서! 예수 그리스도의 이름으로 기도하옵나이다. 아멘."

비신자와의 결혼예식을 위한
설교와 기도

아름다운 가정, 행복한 부부
전도서 9:9
류 영 모

신랑 신부 두 사람은 왜 결혼을 하십니까?

결혼하신 하객 여러분! 여러분은 왜 결혼을 하셨습니까?

결혼하는 사람들의 공통적인 목적은 더 행복한 삶을 살기 위함일 것입니다. 주례하시는 분의 권면의 말씀들도 모두가 행복한 결혼생활을 이룰 수 있는 나름대로의 비결을 가르쳐 주고 있습니다. 왜 모두들 결혼과 행복한 삶을 직결시키고 있습니까? 그것은 우리 모두의 바람일 뿐 아니라 가정을 세우신 창조주 하나님의 뜻이기 때문입니다.

오늘 말씀에 "사랑하는 아내와 함께 즐겁게 살지어다"라고 하나님은 말씀하십니다. 다른 설명이 필요 없을 정도로 하나님의 뜻은 분명합니다. 이제 더 이상 문제될 것이 없습니다. 우리는 그냥 즐겁고 행복하게 살기만 하면 됩니다. 결혼하는 사람치고 행복하게 살 자신이 없는 사람은 한 사람도 없을 것입니다. 그런데 참 이상합니다. 다들 행복하게 살 것 같은데 실제로는 그렇지가 않습니다. "나는 결혼생활이 행복합니다."라고 말하는 사람이 많지 않다는 것이 현실입니다.

왜 이런 결과가 나타납니까? 우리도 행복을 바라고 하나님께서도 즐겁게 살라고 말씀하셨는데 결혼생활을 즐겁게 살기보다는 괴롭게 살아가는 사람이 많이 생기는 것은 무슨 까닭입니까? 저는 오늘 신랑 신부 두 사람에게 그 대답을 이렇게 말하고 싶습니다. "즐겁게 사는 방법을 모르기 때문이다."라고 말입니다. 결혼만 한다고 즐겁고 행복해지는 것이 아닙니다. 행복해질 수 있는 방법을 알고 행복해질 때까지 노력해야 합니다.

어떻게 하면 행복한 결혼생활을 할 수 있습니까?

1. 서로를 깊이 아는 부부가 되십시오.

제가 한 번씩 결혼을 앞둔 예비 신랑 신부에게 서로의 장·단점을 10가지씩 적어보라고 시켜 보았습니다. 대부분의 사람들은 상대방의 장점은 잘 적었습니다. 그런데 단점은 두세 가지도 못 적고 쩔쩔매는 사람들이 더러 있었습니다.

결혼생활이 괴로워지는 이유중 하나가 바로 이것입니다. 단점은 상대방을 힘들게 하는 요인입니다. 그러므로 서로의 단점을 깊이 알아야만 이해를 할 수 있고 이해가 되어야만 상대방을 수용할 수 있습니다. 부부싸움의 근본적인 원인이 어디에 있습니까? 그것은 상대방을 수용하지 못하기 때문입니다.

베드로전서 3장 7절을 보면 "지식을 따라 아내와 동거하라"고 말씀하고 있습니다. 무슨 말입니까? 서로를 좀 알고 살라는 것입니다. 부부가 알아야 할 것이 많이 있지만, 특히 서로의 성격을 잘 파악하십시오. 성격차이 때문에 이혼하겠다는 사람이 얼마나 많습니까? 성격차이는 이혼의 사유가 아닙니다. 왜냐하면 그 차이는 모든 사람들에게 있는 너무나 당연한 것이기 때문입니다. 우리가 흔히 "성격이 좋다.", "안 좋다."라고 말하는 부분들이 사실은 그 사람의 성격유형의 특성이라는 것을 알아야 합니다. 단지 모든 사람들은 성격적으로 장·단점을 가지고 있다는 것입니다. 상대방의 단점은 비난과 공격의 대상이 아니라 내가 도와주고 보완해 주어야 할 부분입니다. 성경에서 배우자를 돕는 배필이라고 부르는 이유가 바로 여기에 있습니다.

2. 서로 존중히 여김을 받는 부부가 되십시오.

많은 사람들이 결혼 전과 결혼 후의 모습이 달라집니다. 결혼 전에는 그야말로 때 빼고 광내며 자신을 가꿉니다. 심지어는 상대방의 호감을 사기 위해 자신을 과대포장을 하기도 합니다. 상대방을 속이는 것은 좋지 못합니다. 그러나 상대방에게 자신을 매력 있게 보이려는 진실된 노력은 필요합니다. 상대방을 속임으로서가 아니라 자신을 관리하고 계발하고 성장시켜서 상대방의 인정과 존경을 받아야 합니다.

전업 주부들 가운데는 아이를 한두 명 낳고 나면 몸매만

흩트러지는 것이 아니라 마음도 느슨해져서 자신을 가꾸고 계발하는 일을 등한히 하기 쉽습니다. 그래서 정신적으로도 육체적으로도 매력을 잃어버립니다. 남편들도 일에 시달려 피곤하다 보면 일 외에는 아무것도 하지 않으려고 합니다. 시간이 있으면 잠을 자거나 TV를 보며 시간을 보냅니다. 그러니 아내나 자녀들에게 무슨 재미가 있으며 남편과 아버지로서 무슨 매력이 있겠습니까? 신랑 신부 두 사람은 이 시간부터 하나님의 부르심을 받는 그 날까지 서로에게 매력 있는 배우자가 될 수 있도록 힘쓰십시오.

지식이나 능력이 매력 그 자체는 아닙니다. 밖에 나가서 다른 사람들에게 인정받고 칭찬 받는다고 배우자에게 매력을 주는 것은 아닙니다. 배우자에게 어떻게 하느냐가 중요합니다. 어떻게 하면 배우자에게 매력을 주는 남편이 되고 아내가 될 수 있는지를 날마다 연구하고 실천하는 부부가 되십시오. 그리고 서로를 진심으로 존경하는 배우자가 되십시오.

3. 서로가 같은 목표를 향해 같은 길을 가는 부부가 되십시오.

부부가 같이 여행을 간다고 집을 나섰는데 서로 다른 목적지를 생각하고 있다면 어떤 일이 벌어지겠습니까? 두 사람은 가정의 목표를 세우시기 바랍니다. 그 목표를 달성하고 행복한 가정을 이루기 위해서 두 사람은 반드시 같은 길을 가시기 바랍니다. 같은 마음을 가지도록 힘쓰시고 같은 생각 가지도록 힘쓰십시오. 또한 같은 믿음을 가지시기 바랍니다.

가정은 하나님께서 세상을 창조하실 때 창조사역의 결정적인 작품으로 만드셨습니다. 그러므로 가정은 창조주이신 하나님을 모시고 하나님께서 주시는 은혜와 복을 받아야 합니다. 시편 127편 1절에는 "여호와께서 집을 세우지 아니하시면 세우는 자의 수고가 헛되며 여호와께서 집을 지키지 아니하시면 파수꾼의 경성함이 허사로다"라고 하였습니다.

신랑 신부 두 사람은 하나님을 바라보고, 하나님의 도우심을 구하는 사람이 되십시오. 그리하여 세상의 어떤 가정보다 더 복되고 아름다운 가정을 이루시게 되기를 바랍니다.

기도

"가정을 세우시고 가정을 복 주신 하나님, 옛적부터 하나님께서 택하신 아들과 딸을 이 자리에 세우시고 새 가정을 이루시게 해 주시니 참 감사를 드립니다. 신랑 신부 두 사람에게 은혜를 베풀어 주옵소서. 저들이 가정을 아름답게 지켜나갈 수 있는 믿음과 지혜를 주옵소서.

가정을 허무는 그 어떤 세력도 물리치게 하옵소서. 서로를 존중히 여기며 나와 다른 모습을 이해하고 수용하는 넓은 마음을 주옵소서. 서로의 장점을 기뻐하며 단점을 보완해 주는 돕는 배필이 되게 하옵소서. 가장 어렵고 힘들 때에 의지와 위로가 되어 주는 저들이 되게 하옵소서.

주님 오실 그 날까지 변치 않는 사랑으로 서로를 대하는 저들이 되게 하옵소서. 하나님과 사람들에게 인정받고 사랑받는 행복한 부부 되게 하옵소서. 예수님 이름으로 기도 드립니다. 아멘."

류영모 목사는 장로회신학대학교와 대학원, 신대원을 졸업하고 공군 정신교육 장교로 복무하였다. 현재는 일산에 있는 한소망교회를 담임하고 있다. 저서로는 '꿈대로 되는 교회', '축제가 있는 교회' 등 다수가 있다.

이혼한 재혼자를 위한 설교

복과 기쁨이 되는 결혼

에베소서 5:22~28

신 성 종

한국에서는 이혼한 재혼자를 위해서 주례를 서주지 않는 것이 하나의 전통이 되고 있었습니다. 저도 주례를 서주지 않았습니다. 제가 속한 교단의 교회가 보수적이기 때문이었습니다. 그러나 미국에 와서 목회를 하면서 이혼한 재혼자의 결혼은 하나의 큰 축복이 되고 있고, 목회자의 마땅한 사명이 되고 있습니다. 물론 이혼도 당한 사람과 먼저 이혼을 신청한 사람은 입장이 다르지만, 그러나 따지고 보면 우리는 다 부족한 사람들이기에 이혼이 성경적으로 볼 때에 바람직한 것은 결코 아니지만 실제적으로 교인들의 20%가 넘다보니 이제는 하나의 현실적인 추세가 되어 가고 있습니다. 마치 죄를 지어서는 안되지만 현실적으로 죄를 짓고 있는 것처럼 이혼도 해서는 안되지만, 그러나 사탄의 가정파괴 작전으로 많은 가정들이 결손되고 있습니다.

그렇다면 목회자는 이들과 함께 이런 슬픔에 동참하지 않을 수 없습니다. 더구나 이미 이혼한 가정들을 연결시켜 이들이 자녀 교육을 위해서나 노년에 외롭지 않게 지내기 위해서 재혼하는 것은 교회의 형편에 따라 목회자가 마땅히 도와 주어야 할 일이라고 믿습니다.

1. 재혼하는 성도들이 조심해야 할 것은 무엇입니까?

무엇보다도 재혼이 인간적인 쾌락이나 순간적인 충동에 의한 것이 되지 않도록 해야 합니다. 한 번의 실수로 족하기 때문입니다. 다음은 그 재혼이 직계들의 이해와 허락이 난 뒤에 해야 한다는 점입니다. 대부분 이혼 전에 자녀들이 있기 때문에 그들이 이해하고 허락되도록 재혼 전에 충분한 시간을 가지고 준비를 해야 한다는 점입니다. 두 사람의 행복은 가족들의 불행 위에서는 절대로 이루어지지 않기 때문입니다. 재혼할 때에 많은 사람들의 의견이 서로 다를 수 있기 때문에 서로 참고 견디면서 온전히 하나님을 의지해야 합니다.

2. 행복한 가정을 이룩하는 비결은 무엇입니까?

첫째는 하나님이 우리들을 짝지어 주셨다는 것을 믿어야 합니다. 오늘 이들이 어떻게 만나게 되었는지 저는 알 수 없지만, 중요한 것은 형태야 무엇이든 이들의 만남이 우연이 아니고, 하나님의 섭리요 예정인 것을 믿어야 한다는 것입니다.
둘째는 절대로 다른 부부와 비교하지 말아야 합니다. 사실 결혼 전에는 모든 것이 아름답게 보이고, 좋게 보이지만 결혼한 후에는 다 나쁘게 보이는 것이 일반적인 경향입니다. 이럴 때에 다른 부부들과 비교하면 자신의 단점은 보이지 않고 상대방의 단점만 보이게 됩니다. 그러면 "아하, 내가 속았구나 빨리 이혼하자."는 생각이 들기 쉽습니다. 사실 결혼하고 나서 이혼을 생각 안해 본 부부는 거의 없습니다. 그러므로 현대에 사탄이 사용하는 비교의식에 빠지지 않기를 바랍니다.

셋째는 부족한 점을 서로 채워줄 수 있도록 해야 합니다. 단점이 보이면 "그래, 내가 도와 주어야지." 하며 서로 허물을 덮어주고, 채워줄 때 가정은 행복합니다.

3. 가장 중요한 것은 서로 끝까지 사랑해야 합니다.

사랑이 무엇입니까? 에릭 프롬은 다섯 가지를 지적하였습니다. 첫째, 사랑은 무엇보다도 상대방에게 관심을 가지는 것이고, 둘째, 존중히 여기는 것이고, 셋째, 이해하는 것이고, 넷째, 책임을 지는 것이고, 다섯째, 주는 것이 바로 사랑이라고 했습니다.

바라기는 오늘의 재혼이 개인 뿐만 아니라 가정에 복이 되고, 교회에 기쁨이 될 수 있기를 축원합니다.

신성종 목사는 총신신학연구원을 졸업한 뒤, 웨스트민스터 신학대학원에서 신학석사를, 템플대학원에서 문학석사 및 철학박사 학위를 받았다. 명지대학교 부교수, 총신신학대학원 교수 및 대학원장을 역임하였으며, 대전 중앙교회와 충현교회에서 시무했다. 현재 미주 성산교회의 담임목사이다.

결혼후 첫 심방

행복한 가정을 이루려면?

신명기 24:5

김 선 중

"사람이 새로이 아내를 취하였거든 그를 군대로 내어보내지 말 것이요 무슨 직무든지 그에게 맡기지 말 것이며 그는 일 년 동안 집에 한가히 거하여 그 취한 아내를 즐겁게 할지니라"(신 24:5)

하나님과 어른들, 교우들의 축복 가운데 가정을 이루신 두 분에게 진심으로 축하 드립니다.

이제 두 분은 숨가쁘게 분주하던 결혼준비와 결혼식도 다 치루고 현실로 돌아오셨습니다. 오늘 본문 말씀은 정말 행복하고 아름다운 가정을 이루기 위해서는 어떻게 해야 하는지를 세 가지 방법으로 잘 가르쳐 줍니다.

1. 가정을 가장 중요하게 여기십시오.

본문에서 신혼부부는 국방의 의무에서도 면제시켜 주도록 명령합니다. 하나님은 국가나 사회의 어떠한 의무보다도 가정에서의 의무가 더 중요하다고 말씀하십니다. 가정을 가장 중요하게 여기십시오. 가정보다 일이나 사업을 더 중요하게 생각하는 것보다 어리석은 것은 없습니다.

에덴동산에서부터 현대에 이르기까지 사단의 공격목표 제일순위는 가정입니다.

부부관계가 깨어지면 두 사람의 마음이 고통스럽게 됩니다. 사회생활은 물론이고 일상생활의 리듬도 깨어집니다. 깨어진 부부관계는 자녀들의 가슴에 평생토록 지울 수 없는 상처를 남겨주게 되고, 게다가 그토록 자랑스러워하시며 기뻐하시던 양가의 어른들 가슴에도 깊은 아픔과 상처를 남기게 됩니다. 그러나 무엇보다도 깨어진 부부관계는 하나님 아버지의 마음을 갈기갈기 찢어놓는 것과 같습니다. 베드로전서 3장 7절에서 깨어진 부부관계는 기도를 막히게 만든다고 말씀합니다. 말라기 2장 13절에서 깨어진 부부관계는 그들의 예배와 기도를 무효로 만들어 버린다고 말씀합니다.

많은 분들이 성격차이를 부부갈등의 원인이라고 생각합니다. 그러나 성격이 똑같은 사람은 세상에 하나도 없습니다. 성격의 차이는 사실상 둘을 묶어서 보다 풍요로운 가정이 되게 만듭니다. 두 사람 모두 말이 별로 없다면 그 가정이 어떻게 되겠습니까? 공동묘지처럼 되지 않겠습니까? 두 사람 모두 말이 많다면 어떻게 되겠습니까? 항상 시장처럼 시끄럽지 않겠습니까? 상대방의 성격이 다른 것은 자신의 약점을 보완해 주시려는 하나님의 배려입니다. 그러므로 성격차이는 상처받아야 할 이유가 아니고 감사해야 할 조건이며, 혜

어져야 할 이유가 아니라 더욱 하나되어야 할 이유입니다.

또한 성격차이가 문제가 아니라 문제해결 능력이 없는 것이 문제입니다. 문제는 이 세상 어디에나 있습니다. 문제해결 능력은 말씀실력, 신앙실력을 통해서 길러집니다.

건강한 가정이 모여서 건강한 교회가 되고, 건강한 가정이 모여서 감히 외적이 넘볼 수 없는 강대국을 이루게 됩니다. 사업에 성공하고 세상에서 출세를 하여도 가정생활에 실패하면 인생의 실패자가 됩니다. 그러므로 가정을 가장 중요하게 여기십시오.

2. 가정의 기초를 사랑 위에 튼튼하게 세우십시오.

부부가 하나되는 것은 말로만 되는 것이 아니고 구체적으로 사랑을 연습하고 실천하는 과정이 있어야 합니다. 본문은 남자들이 적어도 일년 동안은 아내를 즐겁게 해 주는 일에 힘쓰도록 명령합니다. 남편은 아내를 즐겁게 해 주려고 애를 써야 합니다. 남편은 섬김을 받으려고 하지 말고 섬기려고 하십시오. 아내는 남편을 섬기려고 하십시오. 섬김을 받으려고 할 때 불행해집니다. 서로 섬기면 행복이 보장됩니다. 행복은 좋은 집, 좋은 차, 좋은 환경이 가져다 주지 않습니다. 섬긴다는 것은 상대방을 즐겁게 해 주는 것입니다. 자신의 즐거움을 추구하지 마십시오. 자신의 즐거움을 희생하면서 상대방의 즐거움을 추구하십시오.

3. 첫 일년을 중요하게 여기십시오.

첫 일년이 중요합니다. 왜냐하면 기초를 놓는 기간이기 때문입니다. 부부생활의 습관을 형성하는 기간이기 때문입니다. 초기에 습관을 바르게 형성하지 못하여 옛날 습관으로 인해 고생하는 부부들을 많이 봅니다. 그렇기 때문에 첫 일년 동안 서로 섬기는 부부생활로 습관을 만들어 가야 합니다.

첫 일년은 아직 가정에 아이가 생기기 전입니다. 아이가 생기고 나면 늦어집니다. 서로 섬기는 부부 밑에서 서로 섬기는 모습을 바라보며 자라나는 아이는 섬김의 아름다움과 행복을 맛보고 누리면서 섬기는 인생으로 자라날 수 있습니다. 모든 일에는 '때'가 있습니다. 결혼 후 5년 뒤에 할 일이 있고 10년 뒤에 할 일이 있는 것입니다. 결혼 후 첫 일년 동안은 가정의 기초를 놓는 일에 정성을 쏟아 부으십시오. 신혼부부는 적어도 일년 동안 서로를 즐겁게 해 주는 일에 전심하도록 배려한 것은 놀라운 하나님의 지혜입니다. 오늘날 이 원칙이 지켜진다면 얼마나 많은 가정들이 행복으로 가득 차게 될까요?

아무쪼록 하나님과 양가의 어른들, 그리고 온 교우들의 축복 속에 이루어진 두 분의 가정이 기쁨과 행복의 샘터가 되시기를 축원합니다.

기도

"이 두 사람을 부부로 예정하시고 만나게 하시고, 묶어주신 하나님 아버지! 가정을 삶의 첫 자리에 놓기 원하는 이들 부부의 앞날을 두손들어 축복하여 주옵소서. '생육하며 번성하라'고 축복하신 하나님 아버지! 이 부부에게 육적인 자녀들과 영적인 자녀들을 많이 허락하여 주셔서 경건한 자손들이 이 땅을 가득 채우게 하옵소서. 이 두 사람의 결혼을 축복하신 성자 예수님! 이 가정이 기쁨과 행복의 샘터가 되게 하여 주옵소서. 이 두 사람의 관계가 주님과 교회의 관계처럼 아름답고 풍성하도록 축복하여 주옵소서. 이 두 사람의 결혼을 성별하신 성령 하나님! 이 가정이 경건한 가정, 거룩한 가정이 되어서 경건하고 거룩한 자녀들을 많이 양육할 수 있게 하여 주옵소서. 자손들 가운데 아름답고 위대한 주의 종들이 많이 나오게 하여 주옵소서. 이 가정에서 이 시대의 다윗과 다니엘, 이 시대의 에스더와 마리아가 나오게 하여 주옵소서. 이 가정이 하나님 나라에서 명문 가문이 되게 하옵소서. 예수님 이름으로 기도 드립니다. 아멘."

김선중 목사는 트리니티복음주의신학교(M. Div.)와 칼빈신학교(Th. M. 수료), 트리니티복음주의신학교(D. Min 수료)에서 공부하고, 현재는 LA 근교에 있는 엠마오장로교회를 담임하고 있다.

타인종과의 결혼예식

A BLESSED FAMILY

윤 형 복

- 필자가 해외에서 13년째 목회 사역하는 가운데 한국인끼리 결혼식을 거행하는 상황에서 주례를 하는 경우도 있지만 외국인과의 결혼식에서 영어로 주례를 한 경우도 몇 번 있었다. -

(1) GREETINGS AND INTRODUCTION

I know every body were very busy at this time. But we thank you all for coming here to witness the wedding of ＿＿＿＿＿＿ and ＿＿＿＿＿＿, as entering a new life, as one requirement of God.

Today August 23 2000.

(2) PRAYERS(pray silently)

Let's pray silently for the groom and the bride future.

"Salvation belongeth unto the Lord, thy blessing is upon thy people. Selah" (Psalms 3:8)

At this time they have wedding and God open the heaven

and bless them, to live abundantly on earth and with full holy spirit in the name of JESUS.

(3) SCRIPTURE READING

I am going to read scripture of old testament proverbs chapter three phrases fifteen to eighteen.

"Wisdom is more valuable than jewels: nothing you could want can compare with it. Wisdom offers you long life, as well as wealth and honor. Wisdom can make your life pleasant and lead you safely through it.

Those who become wise are happy; wisdom will give then life.

(4) CANDLE

to ligths their pathway, to becomes bright, so they will know where they will going to take the rigth steps.

(5) VEIL

to cloth them to become united, on each other thinking and decisions.

(6) CHORD

to bind them together, with God blessings, and nobody can

separate them in the name of our Lord Jesus.

(7) CEREMONIES OF WEDDING
(Preaching)

(8) PLEDGE
At this time, they will swear in front of you the GOD

GROOM,

Do you accept _____ as your wife in front of GOD? (yes)
I will ask one more again.

Now you accepted _____ as your wife, can you
swear to very truly that you will love _____ , give
confort, protection, and your responsibilities as husband in front
of GOD.

BRIDE,

Bride _____ ! I will ask you

Do you _____ accept as your husband in front of GOD?
I will ask you one more again.

Now you accepted _____ as your husband, can you
swear to GOD very truly that you will continue worshiping to
GOD, give love, confort, obey and your resposiblities as wife in

front of GOD.

(9) PRAY

Let's pray together for _____ and _____.

Thank you for accepting _____ and _____ to tie them together on this day so please bless them their whole life on earth and shower your wealth to them, also bless their future children, also bless them to have good things and share to other preson, bless also their respective family relatives and friends. In the name of JESUS. Amen.

(10) PROCLAMATION OF NEWLY WEDDING

Now with the power and blessing of GOD _____ and _____ , I will pronounce as man and wife starting today in the name of Father, Son and Holy Spirit of GOD. Amen.

(11) TO GIVE THE SYMBOL OF LOVE

It's time to give your ring and watch to each other as symbol of love. May I request all the principal sponsors to stand witness them. _____ , you follow after me.

Marriage is a joyous occasion

Opening Remarks

Dearly beloved, we are gathered here in the sight of God, and in the presence of this company, to unite _____ and _____ in holy matrimony. Marriage was ordained by God in Eden and confirmed in Cana of Galilee by the presence of the Lord Himself, and is declared by the inspired Apostle Paul to be honorable among all men. It is therefore, not to be entered into unadvisedly or lightly; but reverently, soberly and in the fear of God. It is fitting, therefore, that we should on this occasion, begin by asking God's blessing on this marriage service. Let us pray.

Presentation of Bride

Pastor – Who gives this woman to be married to this man?

Bride's Father – Her mother and I do.

To the Congregation

Marriage is a joyous occasion. It is connected in our thoughts with the magic charm of home, and with all that is pleasant and attractive as being one of the most important events of our lives. It its sacredness and unity it is like the mystical relation between Christ and His Church and is therefore the most significant and binding covenant known in human relations.

From the Story of Creation in the book of Genesis: For God created man in His own image ⋯ then the Lord formed man of dust from the ground, and breathed into his nostrils the breath of life; and man became a living being ⋯ then the Lord God said, "It is not good that the man should be alone; I will make a helper fit for him." ⋯ So the Lord God caused a deep sleep to fall upon the man, and while he slept took one of his ribs, and closed up its place with flesh. And the rib which the Lord God had taken from the man He made into a woman and brought her to the man. Then the man said, "This at last is bone of my bones and flesh of my flesh: she shall be called Woman, because she was taken out of Man." Therefore a man leaves his father and his mother and cleaves to his wife, and they become one flesh.

Again, let us hear the Word of God from the New Testament, the writings of Paul: "Live life then with a due sense of responsibility, not as men who do not know the meaning and purpose of life but as those who do. Make the best use of your time, despite all the difficulties of these days. Don't be vague but firmly grasp what you know to be the will of our Lord. Thank God at all times for everything, in the name of our Lord Jesus Christ. And 'fit in with' each other, because of your common reverence for Christ."

"You wives must remember to adapt yourselves to your husbands, as you submit yourselves to the Lord, for the husband is the 'head' of the wife in the same way that Christ is the Head of the Church and Savior of His body ⋯ but remember, this means that the husband must give his wife the same sort of love that Christ gave to the Church when He sacrificed Himself for her⋯.

In practice what I have said amounts to this: Let every one of you who is a husband, love his wife as he loves himself, and let the wife honor and love her husband."

To the Bride and Groom

It is your duty, _____, to be to _____ a considerate, tender, faithful, loving husband: to support, guide and cherish her in prosperity and trouble; to thoughtfully and carefully enlarge the place she holds in your life; to constantly show to her the tokens of your affection, to shelter her from danger, and to cherish for her a manly and unalterable affection, it being the command of God's Word, that husbands love their wives, even as Christ loved the Church and gave His own life for her.

It is your duty, _____, to be to _____ a considerate, tender, faithful, loving wife; to counsel, comfort and cherish him in prosperity and trouble; to give to him the unfailing evidences of your affection; to study, as time passes to make the place he holds in your heart, broader and deeper; to reverence and obey him, and to put on the ornament of a meek and quiet spirit, which is, in God's sight, an ornament of great price. His Word commanding that wives be subject unto their own husbands even as the church is subject unto Christ, and forsaking all others to cling to him with a love which fails not as long as you both shall live.

Let me charge you both to remember, that your future happiness is to be found in mutual consideration, patience, kindness, confidence, and affection. It is the duty of each to find the greatest joy in the company of the other; to remember that in interest as in affection you are to be henceforth one and undivided.

Wedding Vows

If you are ready to assume the obligations and duties before God, as I have defined them, you will unite your hands and pledge your love and your lives to each other.

Pastor – Do you, _____, standing in the presence of God and these witnesses, solemnly pledge your faith to _____ . Do you promise to live with her according to God's ordinance in the holy estate of matrimony; do you promise to love her, comfort her, honor, and keep her, in sickness and in health, and forsaking all others, keep yourself only unto her, and through God's grace to promise to be to her a faithful and devoted husband as long as you both shall live?

Groom – I do.

Ring Vows

Pastor to Groom – _____ , have you a token of your love for _____ ?

(The best man hands the ring to the Minister.)

Pastor to Bride – _____ , do you receive this ring in pledge of the same on your part?

Bride – I do. (Groom puts ring on bride's finger.)

Pastor to Bride – _____ , have you a token of your love for _____ ?

(The maid of honor hands the ring to the minister.)

Pastor to Groom – _____, do you receive this ring in pledge of the same on your part?

Groom – I do. (Bride puts ring on groom's finger.)

The wedding ring is the outward and the visible sign of an inward and spiritual bond which unites two hearts in endless love. The circle, the emblem of eternity; the gold, the type of what is least tarnished and most enduring–it is to show how lasting and imperishable is the faith now pledged. Let the ring, a fit token of that which is unending, continue to be to you both a symbol of the value, the purity, and the constancy of true wedded love, and the seal of the vows in which you have both pledged your most solemn and sacred honor.

Pronouncement

By the authority committed unto me as a Minister of the Gospel of the Church of Christ, I declare that _____ and _____ are now husband and wife, according to the ordinance of God and the law of the State of _____, in the name of the Father, and of the Son, and of the Holy Spirit. Amen.

Charge to newlywed

Dear Ones, I strongly charge you both as husband and wife, to preserve sacredly the privacies of your own home, your marriage state, and your heart. Remember our Lord's urgent counsel: "What God hath joined together let not man put assunder." Therefore, let no one ever presume to come between you, or to share the joys or the sorrows that belong to you two alone.

Involving Children of
Bride and Groom

Preliminaries

Bride's children come down the aisle and face rear of chapel, standing on left side.

Groom's children come down the aisle and stand on right side, facing rear of chapel.

Groom and Pastor enter, down the aisle, and stand in the center, facing the rear.

Bride enters with escort.

Escort sits down after they reach the front.

Wedding party assembles, facing front.

Pastor moves up on platform.

Introductory Remarks and Welcome
Introduce Families

As we share in this wedding ceremony, it is well that we remember that in the beginning, when God created the heavens and the earth, He concluded, "It is not good for man to be alone." So, He created woman to share in man's life–to assist in man's striving–to satisfy man's need. He also created the woman to be loved, honored and appreciated by man.

This is marriage, and it is for the purpose of joining _____ and _____ in marriage that we have come together today. The marriage of two Christians is viewed by God as an occasion of great joy since it marks the beginning of a relationship that is second only to our personal relationship with the Lord Himself. BUT IT IS ONLY THROUGH CHRIST that marriage becomes what God intends it to be. Let us acknowledge His place in this ceremony and see His blessing on this union.

Prayer
Giving Away of Bride

Pastor – Who presents _____ to be joined in marriage to _____ ?

Escort – "I do."

Wedding Vows

The essence of any marriage relationship is love. Much of

what we call love is really self-centered response, which will never form an adequate foundation for marriage. Love, by its very nature, is active and giving, not self-oriented and self-serving.

Jesus Christ is the true example of love, and He has commanded us to love each other as He loves us. And how does He love us? First, He gives all for our sake, without hesitation or concern for Himself. In other words, love puts the needs of the one loved ahead of the needs and desires of the lover.

Next, from Christ's example, we see that love shares all. There are no secret compartments, no hidden rooms, no locked closets in a successful love relationship. There is only openness and, as a result, trust, when husband and wife truly love each other.

Finally, the Lord Jesus teaches us that love provides all. It provides security, it seeks to develop ability, and it shares the common purpose of obtaining what is best for the one loved. Such love is not merely impossible, it is supernatural. ONLY JESUS CHRIST can love this way, and we can only love this way if we submit to Him and depend on His Spirit to love through us.

Therefore, as marriage partners, you must continually allow Christ to exercise His Lordship in your lives because He, and His indwelling Spirit, will enable you to be a proper husband and good wife. Earlier I said that the essence of any marriage relationship is love, but when we understand what love really is, we must recognize that the essence of any marriage relationship is our spiritual relationship with the Lord Jesus Christ, because without Him there is no real love.

The Apostle Paul gives us an additional description of love in God's Word: "This love of which I speak is slow to lose patience; it looks for a way of being constructive. It is not possessive; it is neither anxious to impress, nor does it cherish inflated ideas of its own importance. Love has good manners, and does not pursue selfish advantage. It is not touchy. It does not keep account of evil or gloat over the wickedness of other people. On the contrary, it is glad with all men when truth prevails. Love knows no limit to its endurance; no end to its hope. It can outlast anything. It is, in fact, the only thing that still stands when all else has fallen." (I Corinthians 13)

Pastor to Bride - We must also realize that marriage is designed to be a picture of Christ and His relationship with those who believe in Him. In this picture, you _____, as you give yourself in submission and dependence to _____, portray the role of the Christian who also gives himself in submission and dependence to Christ.

Pastor to Groom - On the other hand _____, as you love and keep _____ , you portray the love of the Lord Jesus as He expressed it toward the Christian. In view of this picture, there are specific instructions to both husbands and wives.

Pastor to Bride – To the wife God says, "Wives, be subject to your own husbands as to the Lord, for the husband is the head of the wife as Christ is the Head of the church." _____, this is the command of God in His Word and is designed to make your marriage relationship a thing of beauty and joy. So, in acceptance of this principle of God's Word, do you now commit yourself to _____, to be his wife, to join your lives together in living, permanent union as Christ is to His church?

Bride – "I do."

Pastor to Bride – Then repeat after me: "I commit myself to you _____, before God, to be your faithful and loving wife for all the years of our earthly life, to cherish our relationship in Christ and God's order for the family."

Pastor to Groom – _____, the command of God to husbands is, "Husbands, love your wives as Christ loved the church and gave His own life for it." Loving as Christ loved is the key to the enjoyment of all that God designed marriage to be. Without His love the fullness you seek will turn into emptiness, the satisfaction into dissatisfaction. Therefore, do you willing express your desire and intent to fulfill God's command to husbands, counting on the enabling ministry of the Spirit of God, and do you now commit yourself to _____ to be her husband?

Groom – "I do."

Pastor to Groom – Then repeat after me: "I do commit myself to you, _____, before God, to be your faithful and loving husband for all the years of our earthly life, to seek to love you even as Christ loves the church which is His bride."

Prayer
Ring Vows

As you exchange rings let them be to each of you a constant reminder of these commitments you have made.

Pastor to Bride – Please repeat these words after me: "I give you this ring, _____, as a symbol of my love, and with it pledge my loyalty and devotion as long as we both shall live."

Pastor to Groom – Please repeat these words after me: "I give you this ring, _____, as a symbol of my love, and with it pledge my loyalty and devotion as long as we both shall live."

Exchange Kiss

결혼식 예행 연습

1. 전주(prelude)는 15분 전부터 시작
- 들러리들은 5분 전에 정렬할 것

2. 정각 : 주례자가 일어나서 강단에 서는 것이 신호
- 남자 들러리 2명이 긴 Stick을, 또는 긴 초를 가지고 미리 준비하고 있다가 입장할 것
- 나란히 축하 서곡에 맞추어 안면에 미소를 띄우며 들어와 Unity Candle의 양쪽에 불을 붙임
- 점화후 Stick을 양가 부모가 앉을 자리 밑에 놓고, 빨리 밖으로 나감

3. 양가 모친들 입장
- 촛불 점화했던 두 남자 들러리들이 양가 모친들을 모시고 들어옴(신랑 어머니 먼저)
- 신랑 아버님은 이미 들어와 앉아 있어야 함
- 신랑 어머니 = 신랑 들러리, 신부 어머니 = 신랑 들러리

- 양가 부모님 좌석

신부측		신랑측	
부친 = 모친		모친 = 부친	

강 단

4. 촛불점화

- 주례자 : (신호) "의인의 길은 돕는 햇볕 같아서 점점 빛나서 원만한 광명에 이르거니…"
- 양가 모친 옆에 있는 Candle 7개에 점화
- 점화 Stick을 가지고 올라가서 얼굴을 청중을 향해서 선 뒤, 바깥쪽에서 안쪽으로 동시에 점화, 서서히 서로 옆을 보며 보조를 맞추어서 한 다음에 Stick을 정중하게 끄고 옆자리에 놓아두고 내려간다.

5. 신랑 및 들러리 입장

- 신랑이 먼저 서서, 들러리는 뒤에 따라온다.
- 앞으로 늠름하게 나와서 주례자 앞에 대각선상으로 서서 인사(끝 들러리 구호)
- 주례자가 "뒤로 돌아" 하면 대각선상으로 선 채로 뒤로 돌아 청중을 향한다.
- 신부가 외워서 할 말
  (예) "나 신부 ○○○은 신랑 ○○○ 당신에게 이 지환

(Ring)을 드림으로 주님의 말씀을 따라 당신께 순종하고 아내로서의 책임을 저의 생애가 다 할 때까지 할 것을 약속합니다."

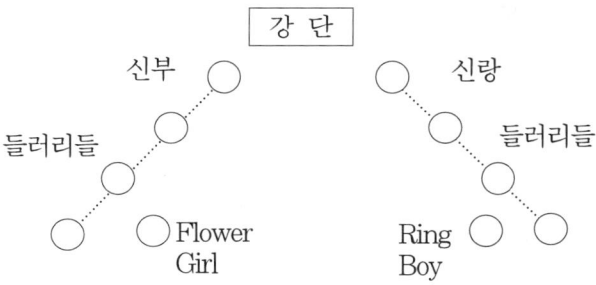

6. 신부 들러리 입장

- 신부 들러리 1명 뒤에 Flower Girl과 Ring Boy가 입장하고 뒤에 나머지 신부 들러리들 입장
- 입장 후 주례자를 향해 왼편에 대각선상으로 서서 인사(끝 들러리 구호)

※ 신부 드레스 도와주는 사람을 꼭 따로 둘 것(들러리의 본 행동 금지)

- Flower Girl과 Ring Boy는 각각 끝 들러리가 맡고 옆에 세울 것

7. 신부 입장

- 신부가 왼쪽에 서고 부친은 오른쪽에 서서, 신부의 손이 위에, 부친의 손은 아래에서 가볍게 손을 잡는다 (부친의 왼손이 신부의 오른손을 잡는다). 이때 전 하객은 기립하여 환영함
- (신호) 주례자가 "성경에 보면…"이란 말을 하면 그 자리에 멈춤

"…남자가 부모를 떠나 한몸을 이루는 것이라고 했습니다. 양가 부모의 허락을 받아 이렇게 결혼하는 것은 매우 복된 것입니다."

- "누가 이 결혼을 승낙합니까?"라는 주례자의 질문에 "네, 제가 합니다."라고 신부 부친이 대답.
- 대답이 떨어지면 신랑이 즉시 내려가서 두 발측 간격을 두고 인사한다.
- 이때 신부 부친은 Hugging을 하든지, 악수한 다음 뒤로 한 걸음 물러선다.
- 신부는 한 걸음 앞으로 나가고 동시에 신랑도 한 걸음 앞으로 나아가 신부 허리에 왼손을 얹고 영접하여 올라와 주례자를 향하여 서고, 들러리도 함께 뒤로 돌아 주례자를 향한다.

8. 식사 : 주례자 Wedding Address

- "오늘 우리는 ○○○ 군과 ○○○ 양의 결혼식을 축하

하기 위해 이 자리에 모였습니다. 이 결혼식을 통하여 하나님의 우리를 향한 큰 뜻을 발견하고, 이민생활의 모든 피로가 사라지는 은혜가 있기를 바랍니다."

9. 찬송 : 287장(신랑 신부도 따라서 하면 은혜가 있다)
  - 찬송이 시작되면 들러리들은 Flower Girl과 Ring Boy을 부모 곁에 앉힌다.

10. 기도 : 기도는 신랑 부친이나 다른 분이 맡아서 함(마이크 준비)

11. 주례사 권면 : (7~8분 정도)

12. 결혼서약 : 주례자가 두 가지 질문을 함
  - 신랑에게 먼저 질문 : "… 창조주를 섬기며 아내를 사랑하는가?"
  - 신부에게 질문 : "…엄숙히 서약하십니까?"
  - 이때 "예." 하고 동시에 대답하되, 신부 허리를 공손히 굽혀서 신랑은 오른손을 들고 대답

13. 예물 교환 : "오늘 신랑 신부는 하나님 앞에서 결혼을 증빙하는 선물이 있습니다."
  - 주례자는 '금은 사랑과 순결을, 둥근 것은 영원함을

상징한다.'는 것을 설명함

※예물은 식전에 주례자에게 드려야 함

－신랑이 외워서 할 말

(예) "나 신랑 ○○○은 신부 ○○○ 당신에게 이 지환 (Ring)을 드림으로 당신을 사랑하며, 남편의 책임을 저의 생애가 끝날 때까지 다할 것을 주님 앞에서 약속합니다."라고 말한 뒤 지환을 끼워준다.

14. 축복기도

성경 위에 손을 얹고, 제일 밑에 신부 손, 신랑 손 그리고 주례자의 손을 얹고 주례자가 기도한다. "…주님 중심의 삶, 주님이 다스리는 삶, 축복의 근원, 물댄 동산의 삶, 부모와 자녀를 위한 축복기도…"

15. 부부 됨을 선언

"천지의 주재되신 하나님의 종으로 성부, 성자, 성령의 이름으로 공포…. 하나님이 하나되게 하신 것을 나누지 못함…."

－주례자의 명령에 따라 신랑 신부 서로 인사를 한다. 신랑이 신부의 Veil를 벗기고, 한국식으로 서로 보며 인사(천천히)를 하든지, 미국식으로 키스를 나눈다.

16. Unity Candle에 점화 : (이 때 제일 좋은 사진을 찍

을 수 있다.)
- 들러리가 신부의 bouquet를 받아주고, 신랑 신부가 동시에 한가운데 있는 Candle에 점화한다. 이때 하객들은 축하의 박수를 한다.

17. 축가 : Solo 또는 이중창, 합창 등

18. 찬송 : 434장

19. 축도

20. 인사 : 서로 팔짱을 끼고 밑으로 내려가서… (들러리들도 함께 내려옴)
- 신부가 신랑측 부모에게 인사 : 미리 준비된 장미꽃을 신부 들러리가 신부에게 주면 신부가 이것을 시어머니에게 드리고 머리를 숙여서 인사를 한다. 시어머니는 Hugging으로 답례함.
  ※신부 들러리 중 한 명은 꼭 Long-stem Rose를 미리 준비하여 식장 앞부분에 놓아 둠
- 신랑이 신부측에 같은 방법으로 인사
- 이때 다시 Flower Girl과 Ring Boy를 세워야 한다.

21. 중앙에서 하객들에게 인사 : 그 자리에 서서 들러리들

과 함께 인사한다.

22. 주최측 인사 : 가족 대표 (신랑 부친)

23. 퇴장 : 주례자 "신랑 신부가 인생의 새 출발을 하는 의
미로 같이 퇴장할 때 다 기립하셔서 축하해 주시기 바
랍니다."
- 퇴장 순서 : 신랑 = 신부, 양가 모친, 양가 부친, 화동
들, 들러리들
- 이 행렬대로 교회당을 나가서 입구에 순서대로 서서
하례객분들께 감사 인사를 한다.

결혼식에 Check-up 해야 할 사항

1. **결혼 예행 연습**(Rehearsal)**에 꼭 참가해야 하실 분들**
- 신랑 신부, 양가 부모님들, 들러리들, 화동들, 결혼식 의
  전 위원장

2. **결혼식 날 :** 한 시간 전에 모든 관련인들 미리 도착(특
   히 신부는 신부화장 등 모든 것이 완비)

3. **안내 위원 :** 3~4명 정도가 결혼식 주보와 하례객을 앞
   에서부터 앉히도록 안내함(식장 및 피로연)

4. **결혼식 의전 위원장 :** 결혼식 전체를 책임지고 진행시킨
   다(주례자, 교회측과 모든 연락을 취함)

5. **피로연 장소 Set-up :** 피로연 청소, 피로연 진행 등을
   위원장이 확실히 확인되어야 한다.

6. **반주자는 결혼식 15분 전부터 반주를 시작한다.**

7. 지환(Ring)은 결혼식 전에 미리 주례자를 위한 꽃, 장갑, 순서지와 함께 비서에게 맡겨 주례자에게 전달토록 할 것

8. 결혼식장에서 미리 준비해 놓을 것들
   – 마이크 : 기도, 주혼측 인사 등을 위한 마이크
   – 2 Long-stem Rose(장미)
   – Unity Candle, 점화하는 Stick

9. 순서지는 신랑측 또는 신부측에서 미리 준비해야 함

10. 외국인이 Pianist일 경우 : 찬송가

11. 꽃 장식은 다음날 예배를 위해 교회에 남겨 둘 것

12. 양가 부모님, 신랑 신부는 식 15분 전에 주례목사님과 사무실에서 기도할 것

장례예식

2부

기독교 장례문화 개발을 위한
아이디어

  우리 문화에서 장례에 대한 이미지는 긍정적인 면보다는 부정적인 이미지가 더 많은 편이다. 부활신앙을 가진 기독교인들이라도 마찬가지, 육적인 이별이 슬픈 것은 어쩔 수 없는 일이다. 장례는 인간이라면 누구나 한 번은 거쳐야 하는 예식이며, 그 과정이 잘 진행되어야 한다는 점은 동감하고 있다.

  최근 한국에서는 장례문화를 개발하자는 움직임이 기독교계에 일어나고 있는 것 같다. 그러나 아직도 장례문화는 더 많은 개발이 이루어져야 하고, 사회적인 추세에 따라 겉치레와 형식보다는 실제적인 면으로 개발되어야 할 것이다. 이제 몇 가지 아이디어를 제공하고자 한다.

♥ 임종예비교실을 만들라.

  인간은 대부분 죽음을 두려워한다. 특히 그리스도인들이라 할지라도 죽음을 두려워하는 경향이 있다. 그 마음은 이해하지만 천국을 믿는 그리스도인이 죽음 앞에서 두려움을 갖는다는 것은 좋지 않은 일이다. 초대교회의 그리스도인들은 죽음을 "하늘나라에서 다시 태어나는 날"이라며 '천상의 생일'이라고 불렀다. 이러한 인식의 전환을 위해서라도 교회에서 죽음의 의미와 죽음을 받아들이는 자세에 대해 훈련할 필요가 있다. 바로 '임종예비교실'의 운영이다. 그 대상은 노인들, 즉 죽음을 앞둔 사람일 수도 있고 가족의 죽음을 준비해야 하는 유족들일 수도 있다. 이들에게 천국에서의 삶은 어떠하며 이를 위해 이 땅에서는 어떻게 살아야 하는지에 대해 알려주어야 할 책임이 있다.

임종예비교실은 자연스러운 분위기를 줄 수 있어야 한다. 그러므로 이름부터 '임종예비교실'이라고 하는 것보다는 '천국여행 준비반'이라든지, '순례자의 모임' 등으로 하여 누구나 거부감 없이 자연스럽게 참여할 수 있게 해야 한다.

♥ 밝은 분위기를 만들어 보라.

우리는 죽음과 관계된 예식을 장례식, 혹은 장례예배라고 부른다. 그것은 쉽게 말해서 땅에 매장할 때 갖는 예식이나 예배라는 뜻이다. 사람들의 관심은 땅에 묻는 매장에만 쏠려 있다. 그리고 그것은 곧 '끝'이라고 생각하기 쉽다. 그러기에 모든 장례식 분위기는 비극적인 이미지로 일관된다.

그리스도인의 죽음은 땅에 묻히는 것으로 끝나는 게 아니라 새롭게 태어나는 천국에서의 삶에 초점을 맞추어야 한다.

따라서 땅에 묻히는 것보다는 그 이후의 삶에 관심을 갖도록 해야 한다. 예를 들어 어떤 교회에서는 장례예배라고 부르지 않고 '천국환송예배'라고 부르며, 미국장로교회에서는 '부활증언예배(A Service of Witness to the Resurrection)'라고 부르기도 한다.

미국 사람들의 장례식에서는 예식 도중 웃음소리를 많이 들을 수 있다. 고인이 생전에 행했던 재미있는 에피소드나 가정에서 일어난 일들을 나누면서 즐거운 추억을 되살린다. 물론 비참한 죽음이라든지, 충격적인 죽음 앞에서는 함께 울어 주는 일도 필요하다. 그러나 슬플 때는 슬퍼하면서도 밝은 분위기를 준다면 장례예식 속에서도 소망을 갖게 될 것이다.

♥ 기독교 장례의례지침을 마련하라.

한 사람의 죽음은 그것으로 끝나지 않고 수백 가지의 절차를 남긴다고 한다. 그러나 그 가운데 어떤 것이 기독교 신앙에 적합하고 어떤 것이 위배되는 것인지 도무지 기준이 서지 않아 어려움을 겪을 때가 많다.

예를 들어 임종은 어떻게 준비하고, 사망 신고는 어떻게 하고, 장례 절차를 어떻게 진행하는지 등의 기독교 의식 가운데 가장 복잡하고 어려운 것이 장례예식이다. 따라서 임종 준비 방법, 시신의 처리 방법, 임종예배 드리는 법, 입관 전

후에 할 일, 장례예배 준비법 등을 순서대로 꼼꼼하게 유족들에게 알려 주는 것이 좋다. 그래야만 가족 간의 갈등도 없애고 번거로움도 면할 수 있다.

교회는 비단 장례지침 뿐만 아니라 결혼이나 심방 등 사역이 미치는 부분에는 당연히 지침서가 필요하다. 어떤 교회에서는 장지로 나설 때 목회자가 맨 앞에 서고, 또 어떤 교회에서는 십자가나 고인의 사진이 맨 앞에 선다. 또 어떤 교회에는 장례예배 시간에 유족들을 위한 조사를 준비하지만 어떤 교회에는 아예 그런 순서 자체가 없다.

천주교는 이런 세세한 항목을 정리한 장례의식서가 통일되어 있다. 하지만 개신교는 개체 교회나 교단마다 장례 방법이 다르고 의식서도 다르다. 혹 교단에서 통일된 예식서를 마련해 주었다 해도 목회 현장의 필요에 따라 서로 다른 예식이 진행되고 있다.

아직까지는 장례의례지침을 마련한 교회들이 많지 않지만 바람직한 기독교 장례문화를 위해서 이러한 지침을 마련하는 것이 필수적이다.

♥ 복음전도의 기회로 활용하라.

평상시 교회에 나오기를 싫어하거나 꺼려하는 사람들도 교회를 찾아올 때가 있다. 가족이나 친지의 결혼식이나 장례식이 그것이다. 집례자들은 이 기회를 놓치지 않도록 장례예배 자체를 복음 전파의 기회로 삼아야 한다. 이를 위해서 불신자들도 쉽게 이해할 수 있는 언어를 사용해야 하고, 내용에 있어서도 부모에 대한 효도와 가족 사랑을 강조하는 메시지를 주로 들려 주어야 한다. 물론 천국과 부활에 대한 기독교의 기본 진리를 빼놓지 말아야 할 것이다.

영국의 명설교가 스펄전은 이에 대해 "장례예배에서 조차 전도하지 못한 설교가는 어떤 강대상에서도 설교할 자격이 없다."고 말하기도 했다.

♥ 고인에 대한 각별한 애정을 보여주라.

고인의 신앙을 간단하게 정리한 간증문이나 회고록을 교회에서 만들어 두라. 요즘 잘 발달되어 있는 컴퓨터나 멀티미디어를 이용해 이런 문서들을 만들어 두었다가 그 내용을 장례예배 시간에 조문객들에게 읽어 줄 수도 있고, 아니면 장례예배 후 유족들에게 선물할 수도 있다. 유족들은 물론 조문객에게도 잊혀지지 않는 선물이 될 것이다.

장례예식에 투자되는 시간을 현재보다 두 배로 늘려라. 장례예식을 빨리 해치운다는 생각은 금물이다. 사실 장례예식이 며칠 동안 지속되다 보면 유족들도 지치고 목회자들도 지치게 마련이다. 하지만 가까운 가족을 잃은 유족들의 아픔은 아무리 오랫동안 위로해도 충분히 채워지지 않는 법이다. 따라서 온 정성을 다해 유족들과 함께 시간을 보내고 그들에게 실제적인 도움을 주어야 한다.

♥ 유언 비디오를 찍어 두어라.

죽음을 앞둔 사람이나 그를 지켜보는 가족들은 분주할 수밖에 없다. 그럴 때 교회에서 임종자의 유언을 비디오 카메라로 촬영해 두었다가 훗날 유족들에게 보여주는 것이 효과적이다. 그렇다고 누구에게 얼마를 남겨준다는 유언이 아니라 자식들에게 마지막으로 남기고 싶은 부탁의 말이라고 생각하는 것이 좋다. 또한 장례식에서 고인의 삶을 다큐멘타리로 엮은 사진집을 만들어 비디오 프로젝터로 보여주는 것도 아주 효과적일 것이다. 이 사진집도 CD에 넣어서 가족들에게 전해준다면 좋은 기념이 될 것이다.

♥ 목회자가 죽음의 모델이 되라.

한국의 상황은 뭐니뭐니해도 묘지를 마련할 장소 문제가 대두된다. 국토는 좁은 데다가 묘지 면적은 점점 늘어가니 이 문제가 사회적인 문제로 대두되고 있다. 그런데 반가운 일은 요즘 교회 차원에서 납골당을 마련하거나 화장을 장려하는 교회들이 생겨나고 있다는 것이다. 하지만 그것보다는 목회자들이 솔선하여 거룩한 죽음의 모델이 되는 것이 더 중요하다.

목회자가 솔선해서 시신을 기증하거나 장기를 기증하고 화장을 하도록 하면 된다. 목회자가 앞장 서서 죽음을 초연하게 맞이하는 모범이 되고 나면 교인들이 변화되는 것은 시간 문제이다.

♥ 끝까지 애프터 서비스를 하라.

목회를 하다보면 장례예배를 계기로 교회에 출석하게 되는 경우가 상당히 많다. 장례예배를 통해 그 어느 때보다도 친밀한 교제와 신뢰가 이루어질 수 있으며, 장례예식을 통해 삶의 문제를 심각하게 생각하게 되고 그때 들은 복음 설교가 도전이 되기 때문이다. 따라서 장례 이후에 유족들의 아픔을 세심하게 배려하고 위로해 주는 애프터 서비스가 필수적이다.

한 목회자의 경우를 예로 들어보면, 유족에게 전해주는 조의금 봉투에 반드시 자신이 직접 쓴 위로 편지를 동봉한다. 그 편지에서 고인이 생전에 늘 하시던 말씀이나 교회에서 어떻게 신앙생활을 하셨는지에 대해 그동안 알고 지내온 내용들을 유족들에게 알려준다. 이를 통해 고인이 교회에 가졌던 애정이나 교회와의 유대관계를 표현함으로써 유족들이 교회에 대해 강한 애착을 느낄 수 있도록 하는 것이다.

장례예식 체크리스트

장례를 보다 효과적으로 집례하기 위해 집례자는 고인에 관한 정보를 파악하는 것이 큰 도움이 될 것이다. 집례자가 고인에 대해 잘 알고 있었다 하더라도 구체적인 내용들에 관해서는 잘 알고 있지 못하는 경우가 많다. 고인에 대한 정보 체크리스트(양식)를 만들면 모든 장례예식을 보다 의미있게 만들어 줄 수 있을 것이다. 이렇게 해 보자.

고인의 이름 _____

주소 _____

다음 각 항목에 V 표시를 하세요.

____임종예배   ____ 화장예식

____가족들을 위한 위로 예배   ____ 공원묘지

____입관예식   ____ 사유묘지

____발인예식   _____ 예식중 관 열고 집례

____하관예식   _____ 예식중 관 닫고 집례

장례 및 추도예식을 위하여

1. 고인이 즐겨 부르던 찬송 _____

2. 독창, 중창, 합창 중 좋아하는 음악 _____

3. 가장 좋아하는 성경구절 _____

4. 애송했던 시나 기도문(복사하여 첨부) _____

5. 떠나기 전에 남긴 고인의 개인적인 간증 _____

6. 존경하거나 좋아했던 목회자, 교우 _____

7. 고인의 삶의 철학 _____

장례 절차를 돕기 위하여

1. 고인이 가입한 상조회

2. 생명보험

3. 국가보훈, 재향군인, 국립묘지 안장에 해당 여부

4. 마련해 둔 묘지(위치)

5. 유언(덕이 될 만한 내용이라면)

가족사항

_____

_____

_____

_____

기타

일반 장례예식에서의
설교와 기도 ①

주 안에서 죽는 사람
요한계시록 14:12~13

윤 형 복

사람이 세상에 태어나면 언젠가는 죽을 때가 있습니다. 인생은 만나면 헤어질 때가 있고 헤어지면 만날 때가 있는 법입니다.

예수 그리스도 안에서 우리 인생은 태어나서 살다가 죽을 때가 있는가 하면 죽어서는 천국에서 만날 때가 또한 있습니다.

인생이 세상을 살다보면 그 길이가 다를 뿐이지 항상 만남과 헤어짐의 연속이라고 할 수가 있습니다.

인류 역사상 많은 사람들이 오고 가는 가운데 죽음을 해결해 보려고 많은 사람들이 노력도 해본 것이 사실입니다. 그러나 결과는 어느 누구도 죽음을 해결하지 못했다는 사실입니다.

그것은 지금이나 앞으로도 마찬가지일 것입니다.

그런데 성경에 그 문제의 해결책이 있습니다. 세상 사람들은 사람이 죽으면 사망했다고 말합니다. 기독교에서는 소천했다고 표현하고 있습니다. 하늘나라에 부름 받아 갔다는 말입니다.

성경은 "주 안에서 죽는 자는 복되도다"라고 말씀하고 있습니다.

그 이유가 무엇일까요?

1. 주님은 생명 자체이시기 때문입니다.

"나는 길이요 진리요 생명이라"고 말씀하신 주님은 우리의 소망이십니다. 그 주님이 영원한 길로 인도하실 것이기 때문에 주 안에서 죽는 사람은 복된 것입니다.

2. 주 안에서 죽는 사람은 주님이 재림하실 때까지 잠을 자는 것에 불과합니다.

"예수님께서 가라사대 나는 부활이요 생명이니 나를 믿는 자는 죽어도 살겠고 무릇 살아서 나를 믿는 자는 영원히 죽지 아니하리라"고 주님은 말씀하셨습니다.

여기 "잔다"는 것은 일어나는 아침이 있다는 것을 전제하는 말이기도 합니다. 잠은 희망찬 내일을 준비하면서 휴식을 취하는 것입니다. 그러기에 잠자리에 든다는 것은 희망적인 내일을 약속 받는다는 의미가 내포되는 아주 진취적인 하루의 일과 중의 하나입니다. 그러므로 주 안에서 죽는 사람은 죽어서 망하는 것이 아니라 소망의 천국을 약속 받고 필그림 인생을 휴식하면서 영원의 세계를 향한 하나의 발돋움의 단

계인 것입니다.

그러기에 주 안에서 죽는 사람은 복된 사람인 것입니다.

3. 주 안에서 죽는 사람이 복된 이유는 수고를 끝마치는 과정이기 때문입니다.

하루의 일과를 주어진 삶의 터전에서 열심히 일하다가 수고를 마치고 휴식의 잠자리에 들듯이 험난한 세상의 삶을 마무리하고 수고를 마치고 휴식에 들어가기 때문에 주 안에서 죽는 자가 복되다고 하는 것입니다.

4. 주 안에서 죽는 자가 복된 이유는 주 안에서 죽는 순간 주 안에서 안식을 누릴 수 있기 때문입니다.

거지 나사로가 죽어 아브라함의 품에 안기는 안식 말입니다. 나사로가 살던 세상은 아픔과 상처와 고난과 배신과 손가락질이 난무했지만 주 안에서 죽는 순간 하늘나라에서, 아브라함의 품에서 안식을 누리게 된 것입니다.

주 안에서 죽는 사람은 하늘나라에서 이런 안식을 누리기 때문에 복되다고 하는 것입니다.

5. 주 안에서 죽는 자가 복된 이유는 상급이 기다리고 있기 때문입니다.

사람이 세상을 살다가 죽으면 두 가지 종류의 심판에 직면하게 됩니다.

영생의 심판과 멸망의 심판이 바로 그것입니다.

주 안에서 죽는 사람에게는 영생의 심판이, 주 밖에서 죽는 사람에게는 멸망의 심판이 기다리게 됩니다. 영생의 심판을 받는 사람에게는 영광의 면류관, 의의 면류관을 받을 수 있는 기회도 주어지게 되는 것입니다. 이렇게 주 안에서 죽는 사람에게는 행한 일에 따르는 상급으로 즐거워 할 것이기 때문에 복되다고 하는 것입니다.

우리 모두는 잠시 머물다가 가야 하는 필그림 세상에 초점을 맞추고 살 것이 아니라 소망의 천국, 영생의 세계를 설계하면서 주 안에서 살다가 주 안에서 죽어 생명의 면류관, 영광의 면류관, 하늘의 상급을 받는 아름다움이 있기를 간절히 소망합니다.

기도

"영원히 살아 계셔서 지금도 인간의 생사화복을 주장하시는 전능하신 하나님 아버지! 사람이 이 땅에 태어나고 살다가 때가 되면 하나님의 부르심을 받고 하늘나라로 가는 것 모두가 창조주 하나님의 섭리 속에 이루어짐을 믿습니다.

이 시간 하나님의 부르심을 받은 고인의 장례예배를 드리면서 하나님께 기도 드립니다.

고인을 먼저 보내고 잠시나마 떨어져 살아야 하는 이별의 슬픔이 있는 유족들에게 하나님께서 하늘의 위로와 은혜를 허락하시옵소서. 자비와 사랑의 하나님을 의지하면서 예배를 드리는 유족과 조객들에게 영안을 열어 하나님 품에 안긴 고인을 바라보고 위로 속에 하늘의 평화를 누리게 하옵소서. 이제 우리 모두에게도 하나님이 부르시는 날 하나님 앞에서 결산하는 날이 있음을 기억하고 영적으로 늘 준비하며 사는 종말론적인 삶을 살게 하옵소서.

생명 되시고 위로자가 되시는 예수 그리스도의 이름으로 기도 드리옵나이다. 아멘."

윤형복 목사는 총회신학대학교와 대학원을 나와 필리핀 마닐라연합교회를 담임했으며, 현재는 캐나다 한인연합교회 담임목사, C.S.C.대학 부총장(Ph. D), CBS 토론토 기독교방송국 C. POST 편집인 등을 맡고 있다. '예수님 저예요' 등 다수의 저서를 냈다.

일반 장례예식에서의 설교와 기도 ②

영원히 거하는 하늘의 장막터

고린도후서 5:1~9

윤 형 복

"인생은 흙에서 왔다가 흙으로 돌아간다."는 말이 있습니다.

하나님께서 인간을 창조하실 때 흙을 사용하여 만드셨습니다. 그래서 흙으로 돌아가는 것은 하나님께서 정하신 불변의 진리요 섭리입니다.

오늘 고인은 세상의 장막을 벗고 걱정, 근심, 아픔, 탄식, 질병, 실패, 좌절이 없는 하늘나라의 영원한 장막터로 자리를 옮기셨습니다.

나사로가 아브라함의 품에 안겼듯이 고인도 하나님의 품에 안기신 것입니다. 이것은 우리가 위로를 받을 수 있는 진리입니다. 고인의 육신은 세상의 짐을 다 벗어 던지고 흙으로 갔지만 고인의 영혼은 하늘나라에서 하나님께서 허락하시는 안식을 누리게 된 것입니다.

영원히 거하는 하늘의 장막터는 구원받은 백성이 믿음으로 가는 곳입니다.

세상에서는 음악회 한 번 참석하려 해도 입장권을 사야 입장이 가능합니다. 그러나 천국은 돈으로도 못 가며 권력으로도 못 갑니다. 은혜로 받은 구원의 은총으로 가는 곳, 믿음으로 가는 영원한 집입니다. 요한복음 14장 3절에 보면 "그 영원한 집은 하나님이 지으신 집이요 하늘에 있는 집이요 예수님이 우리를 위하여 예비하신 집"입니다.

예수님을 믿기만 하면 누구나 갈 수 있는 집입니다. 요한복음 14장 6절을 보면 "영원한 집은 예수 그리스도를 믿는 믿음으로 갈 수 있는 집"이라고 했습니다.

"예수께서 가라사대 내가 곧 길이요 진리요 생명이니 나로 말미암지 않고는 아버지께로 올 자가 없느니라"고 하셨습니다.

오늘 고인은 평안한 하늘의 장막터로 영원히 이민 가셨습니다. 우리는 이제 고인이 남기고 가신 신앙의 유산을 본받아 남은 생애 최선을 다하여 하나님께 영광 돌리는 삶을 살아야 하겠습니다.

영원히 거하는 천국의 장막터는 믿음으로 짓고 가는 집입니다. 오늘 우리는 이 영원한 장막터를 위해 믿음을 지키며 역경을 극복하고 살아야 하겠습니다.

그 영원한 하늘의 장막터는 인간 모두가 소망 중에 고대하던 안식처입니다.

고린도후서 5장 1절에 보면 "만일 땅에 있는 우리의 장막집이 무너지면 하나님께서 지으신 집 곧 손으로 지은 것이 아니요 하늘에 있는 영원한 집이 우리에게 있는 줄 아나니"라고 하였습니다.

그리고 이어서 고린도후서 5장 2절에서는 "과연 우리가 여기 있어 탄식하며 하늘로부터 오는 우리 처소로 덧입기를 간절히 사모하노니"라는 말씀을 보아서도 천국은 인생 누구나가 소망하는 곳임에 틀림이 없습니다.

이 세상이 너무나 불안정하고 모순덩어리이기 때문에 사람들은 더욱 영원한 장막터를 사모하는 것입니다.

고인이 신앙생활을 통하여 하나님께 영광 돌리다가 하나님의 부르심을 받았다는 것은 크신 하나님의 축복이 아닐 수 없는 것입니다.

우리도 이제 고인의 뜻을 받들어 전능하신 하나님을 최선으로 섬기고 높이는 삶을 통해 하나님의 영광을 만방에 나타내면서 살아야 하겠습니다.

우리 모두 범사를 전능하신 하나님께 위탁하고 하나님께서 주시는 하늘의 신령한 은혜와 땅 위의 기름진 복을 누리다가 하나님께서 부르시는 날에 기쁨으로 천국 가서 하나님의 품에 안겨야 하겠습니다.

고인은 믿음으로 영원한 하늘의 장막터를 준비하며 사시다가 이제 하나님의 부르심을 받았으니 우리는 위로를 받게 됩니다.

우리 모두는 이제 남은 생애 믿음으로 영원한 집을 준비하고 하늘의 장막터를 소망하며 신실한 믿음생활을 하다가 주님께서 부르실 때 기쁨으로 천국으로 이민 가십시다.

기도

"사랑의 하나님!

하나님의 부르심을 받은 고인의 장례식 예배를 드리는 이 시간 은혜를 허락하옵소서. 세상 언어를 다 동원한다해도 유족들을 위로할 수 없사오니 사랑과 위로의 하나님께서 오늘 고인을 먼저 보내고 슬픔 중에 있는 유족들을 위로하시옵소서. 하늘 문을 여시고 부활하신 예수님의 영광의 얼굴빛을 비춰 주셔서 위로와 교훈과 권면과 소망을 우리 모두에게 허락하시옵소서.

여관 같은 세상에서 나그네 같은 삶을 영위하다가 하나님의 부르심을 받을 때는 세상만사를 다 중단하고 하늘나라의 장막터로 이민을 가야 하는 인생임을 기억하고 천국을 준비하며 살아가는 저희들이 되게 하옵소서.

오늘의 예배를 통해서 하늘의 평화를 유족들과 조객들에게 풍성히 허락하시옵고 하나님께서 영광 거두시옵소서. 예수님 이름으로 기도 드리옵나이다. 아멘."

화장예식과 설교

엄숙하고 간결하게

임 윤 택

─ 한국의 상황에서 화장예식이 관심분야로 대두되고 있다. 지각이 있는 교계 지도자들은 교회가 화장예식을 장려해야 한다고 주장하고 있으며 실제로 화장예식을 거행하는 장례식이 많아지고 있다. 어린이나 청소년, 그리고 군복무 중에 죽은 이들은 대부분 화장예식을 치른다. 목회자들도 이제는 화장예식에 관한 지식을 가지고 있어야 하며 화장예식을 대비한 준비가 항상 되어 있어야 한다. ─

준비 : 시신이 화장터에 운구되기 전에 발인예식을 가졌기 때문에 화장터에서 갖는 예식은 엄숙하고 간결하게 하는 것이 좋다. 운구차가 도착하면 유족은 관 왼쪽에, 목사는 오른쪽, 그리고 조객들은 운구차 주위로 둘러서게 하고 운구차에서 관을 내리기 전에 영정을 관 앞에 두고 예배를 갖는다 (가능한 가운을 입고 집례한다). 시간이 촉박할 경우에는 찬송 후 말씀을 봉독하고 바로 기도에 이어 축도를 한다. 예배 후 조문객들은 돌아가도 좋다. 유족들과 친지들이 분골을 수습하여 장지(취분을 하는 곳)로 가서 모신다.

찬송가 291장 '낮빛보다 더 밝은 천국'

기도

"생명의 근원이 되신 하나님 아버지! 저희들은 사랑하는 고 ○○○ 씨를 주님의 품에 의탁하고, 그의 육신도 주님의 품에 의탁합니다. 지난날들을 돌이켜 볼 때, 하나님께서 언제나 힘이 되어 주시고, 피난처가 되어 주셨습니다. 어려운 고비마다 함께 하시고 구해주셨습니다. 감사합니다. 저희들은 은혜의 주님께서 주의 크신 은혜로 저희가 사랑하는 고 ○○○ 씨를 은혜의 보좌 앞에 담대히 서게 하신 것을 믿습니다. 이제 그의 육신을 또한 사랑하는 주님의 품에 의탁 드립니다.

부활의 주님, 이 자리에 임재하시어 생명보다 확실한 천국의 소망으로 저희를 위로해 주시옵소서. 여기 모인 저희 모두가 부활의 생명을 느끼며 넘치는 위로와 소망을 얻게 하옵소서. 이제 고인의 육신은 안개처럼 사라지지만, 부활의 날 온전한 몸을 입고 다시 만나게 될 것을 믿습니다.

주님, 이 시간 특별히 슬퍼하는 유족들에게 큰 위로와 평안을 허락하여 주시고 마음의 아픈 상처를 어루만져 주시옵소서. 주님의 손길을 느끼게 하여 주옵소서. 부활의 약속을 믿습니다. 예수님 이름으로 기도합니다. 아멘."

설교 – 새 하늘이 열리다

(요한계시록 21:1~8)

오늘 주님이 사랑하시던 고 ○○○ 씨는 이 세상을 떠나 가셨습니다. 이제 천국에서, 새 하늘과 새 땅에서 영원한 생명을 누리게 되었습니다. 그리고 여기 잠시 남아 있는 저희는 이 땅에서 영원한 이별을 하게 되었습니다.

영국의 대문학가인 존 번연은 그의 명작 '천로역정'에서 찬란한 천국을 이렇게 그리고 있습니다.

1. 천국에 들어가니 그와 동시에 모습이 변했습니다. 의복이 황금처럼 빛났습니다.
2. 천사가 수금과 면류관을 가져다 줍니다.
   수금은 찬송하는데 쓰는 것이고, 면류관은 영광의 상징이라고 했습니다.
3. 온 성에 종소리가 기쁘게 울립니다.
4. 이제 주님의 기쁨에 참여하십시오. – 아름다운 천사의 소리가 들립니다.
5. 성가대가 큰소리로 찬송을 부르는데 들어보니 "보좌에 앉으신 어린양에게 찬송과 존귀와 영광과 능력을 세세토록 돌릴지어다"

태양보다 밝은 빛으로 빛나는 도시에 금면류관을 쓴 사람들이 다니고 있었습니다. 손에는 종려나무 가지와 찬송하기 위한 수금을 들고 있습니다.

천사가 날며 쉬지 않고 '거룩 거룩 거룩하신 주'라는 찬송으로 화답하는 것이었습니다. 말로 표현할 수 없는 하나님의 영광이 밀려왔습니다. 기쁨의 눈물이 쏟아지며 함께 하나님을 찬양하게 되었습니다.

하나님이 함께 계셔서 눈에서 눈물을 씻어 주시고, 사망이 없고, 애통하는 것이 없고, 곡하는 것이 없고, 아픈 것이 없습니다. 처음 세상에 속한 것들이 다 지나갔기 때문입니다.

오늘 우리는 ○○○ 씨의 죽음 앞에서 엄숙한 마음으로 다시 한 번 우리 믿음의 옷깃을 여미게 됩니다. 그의 영혼과 육신을 주님의 품에 의탁 드립니다. 그의 영혼과 육신을 주의 품에 보내 드리고 눈을 열어 영원한 나라를 바라보며 찬란한 천국을 봅니다. 그리고 저희 또한 하늘가는 밝은 길을 걸어갑니다. 하늘의 소망으로 위로 받고 우리의 남은 날 동안 예수 그리스도로 옷 입고 사랑의 손길로 믿음의 발길로 걸어갈 것입니다.

축도

〈화장에 대한 참고사항〉

☆ 화장하려면 반드시 사망 진단서를 떼어 관할 읍 · 면 · 동사무소에 가서 사망 신고를 하고 화장 신고증을 교부받아서 가지고 가야 한다.

☆ 입관할 때 고인의 유품 중 불에 타지 않는 것은 넣지 않는다.

☆ 화장터에 도착하면 화장 신고증을 제출하고 화장 순서의 번호를 받는다.

☆ 화장 전에 유족은 다시 한 번 마지막 분향을 한다.

☆ 화장 후의 유골은 납골당에 안치한다.

☆ 화장하여 유골을 매장하는 것은 이중으로 장례를 치르는 것이 되므로 그럴 필요는 없다.

임윤택 목사는 트리니티신학대학원(M. Div.)서 신학, 웨스턴대학원(M. A.)에서 상담심리학, 풀러선교대학원(Ph. D.)에서 선교학을 공부하였다. 나성영락교회 교육목사와 선교목사, 서울 소망교회 부목사 및 소망아카데미 책임자 등을 거쳐 지금은 LA 소망교회를 담임하고 있다.

에이즈로 인한 죽음

질병과 정죄의 고통에서 구원으로

잠언 3:15~18

이 정 익

에이즈 감염자가 점점 확대되고 있다. 아프리카를 비롯한 여러 곳의 선교지에서는 에이즈 환자의 숫자가 엄청나다. 이 설교는 죄악된 삶(동성연애, 마약, 혼음, 윤락 등으로 에이즈에 걸림)을 살다가 그리스도를 영접하고 사망한 경우에서 할 수 있는 설교이다.

일찍이 초대교회 그리스도인들은 죽음을 "하늘나라에서 다시 태어나는 날"이라며 '천상의 생일'이라고 불렀습니다. 이 땅에서 온갖 박해와 고통 속에 살다가 기쁨과 안식이 보장된 하늘나라에서 부활할 것을 믿었기 때문입니다.

오늘 우리는 고 ○○○ 님을 아무런 고통과 부끄러움이 없는 아버지 품으로 보내고 천상에서 다시 태어나는 날의 증인이 되기 위해 이 자리에 모였습니다. 그는 이제 육신의 고통과 마음의 고통을 벗어버리고 주님의 품 안에서 영원한 안식을 얻었습니다. 주님은 그를 위해 처소를 마련하시고 영광 가운데 영접해 주실 것입니다.

고인이 간 그곳은 눈물이 없고, 고통이 없고, 다시는 애통하는 일이 없이 늘 기쁨만이 가득한 곳입니다. 우리는 이 땅에서 썩을 몸으로 심었으나 천국에서 썩지 않을 몸으로 부활할 것이며, 비천한 것으로 심었으나 영광스러운 몸으로 살아날 것입니다. 약한 것으로 심었으나 강한 것으로 살아나고, 자연의 몸으로 심었으나 신령한 몸으로 다시 살아날 것입니다.

그러나 생전에 고인은 많은 육신의 고통과 정신적 아픔을 경험해야 했습니다. 질병의 전염성과 도덕적 혐오로 인해 사람들은 그와 같은 이들을 멀리하고 비난하고 정죄했습니다. 직장에서는 해고를 하고 학교에서는 격리를 시켰습니다. 그들은 질병의 고통보다 더한 정신적 두려움과 소외를 당해야만 했습니다.

그러나 그가 영접했던 우리 주님은 육체의 질병과 마음의 고통과 영적인 문제를 감싸 안으시고 어루만져 주시고 구원의 길을 열어 주셨습니다. 그 옛날 저주의 낙인이 찍혀 사회와 가정에서 격리시켰던 죄인인 문둥병자들, 그리고 오늘 이와 유사한 고통을 당하는 에이즈 환자들을 보면서 우리는 믿는 이들에게 향하신 주님의 메시지를 깨닫게 됩니다.

예수님은 매춘, 동성애, 간음 등의 죄에 대해서는 매우 완고하셨으나, 이런 사람을 대하는 태도에 있어서는 많은 연민을 가지고 계셨습니다. 그분은 환자가 사랑을 받을 만한 사람인지 아닌지를 따지지 않으셨습니다. 세리, 간음한 여인, 감사하지 않은 아홉 명의 나병환자를 대하신 태도, 그리고 죄 지은 사람을 "일흔 번씩 일곱 번이라도 용서하라"고 하신 말씀에서 알 수 있습니다.

그런데 우리는 지금까지 죄인으로 낙인찍힌 그 환자의 고통과 불가피한 죽음을 당연시하고 있었던 것은 아닙니까? 주님은 그들을 어루만져 주시고, 위로해 주시고, 보살펴 주셨습니다. 그러므로 이제 우리도 자기 파괴적인 행동의 결과로 질병의 고통을 느끼는 사람들에게 동정을 가지고 대해야만 합니다.

오늘날 세계가 당면하고 있는 에이즈의 문제는 단순히 의학적인 문제가 아닙니다. 총체적이고 다차원적인 모순의 상황을 안고 있습니다. 외도를 당연시하는 가부장적 사회구조, 매춘을 강요하는 가난, 사회적 불평등과 차별, 인간 존엄성에 관한 심각한 훼손 등의 문제입니다.

그 모든 잘못에도 불구하고 우리 기독교인들이 그들에 대하여 가져야 할 가장 우선적인 태도는 인간의 존엄성입니다. 창조의 절정에서 하나님은 인간을 당신의 형상에 따라 창조하셨습니다. 이것이 인간 존엄성의 핵심 근거입니다. 인간이 악과 고통으로 축소되거나 왜곡되더라도 이 원칙은 바뀌지 않습니다. 그 어떤 악도 하나님의 자비하신 사랑보다 강한 것은 없습니다.

그러면 교회와 남은 자의 역할은 무엇이겠습니까? 우리 신앙에 가장 일치하는 메시지는 혼전 순결과 결혼 후의 진실함을 장려하는 것이고, 동시에 간음 및 동성애의 퇴폐 행위에 대한 도덕적 분노를 표현하는 것입니다. 성과 결혼에 대한 하나님의 계획에 초점을 맞춘 '성 존중', '진정한 사랑의 기다림', '청지기의 약속' 같은 프로그램이 지역사회, 학교 및 교회에서 진행되어야 할 것입니다.

또 교회가 위치하고 있는 지역의 에이즈 문제를 파악하고 병원과 보건 단체들과 연계하여 할 수 있는 활동들이 있습니다. 에이즈 환자의 소소한 집안 일이나 심부름을 해주는 일, 혹은 상담자 역할, 친구, 또는 환자를 간호하는 일입니다. 또 교회는 에이즈 감염자들이 잠시 쉬어갈 수 있는 쉼터와 그들만을 위한 전문병원 설립, 임종의 집 등을 마련하는 것도 생각해 볼 수 있습니다.

이런 사역에 재정적 보상은 전무하며 정서적 보상도 별로 없습니다. 그러나 영적인 보상은 헤아릴 수 없을 정도로 광대합니다. 그런데 왜 영광 중에 영생을 보장받고 죽음의 공포를 갖지 않은 신실한 그리스도인이 에이즈 양성반응 환자로부터 바이러스가 전염될까봐 두려워해야 하는 것입니까? 성경은 그 문제에 분명한 대답을 해줍니다. "타인을 위해 자기의 삶을 희생하는 사랑만큼 큰 사랑은 없다."

에이즈는 현시대 신앙인들에게 있어서 하나의 위기이자 또한 기회입니다. 특별히 한국은 "에이즈의 폭풍전야에 있는 나라"라는 우려를 낳고 있습니다. 퇴폐적인 자본주의의 향락문화가 독버섯처럼 번창하고 있음에도 그것이 수면 아래에서 은밀하게 이루어지고 있다는 점에서 그렇습니다. 그래서 국내 에이즈 환자 중에 직장 남성이 가장 많은 비율을 차지하고 있는 것입니다.

또 우간다 대통령은 말하기를 "우리는 에이즈 전염이 바이러스에 의해 초래된다고 들었다. 그것은 진실이 아니다. 에이즈 전염은 도덕적 타락에 의해 생긴다. 바이러스는 마르고 죽은 우리의 도덕적 타락에 불을 지피는 작은 불꽃일 뿐이다."라고 말했습니다. 그러므로 어느 사회에서나 교회는 사회 정화의 책임을 충실히 수행해야 하는 것입니다.

아직도 이 병의 뚜렷한 치료제와 처방은 발견되지 않았습니다. 그래서 사람들은 이 질병을 시대마다 사람들을 공포에 떨게 했던 문둥병이나 흑사병과 같이 신이 내린 저주가 아닌가 생각하고 있습니다.

정말 에이즈는 일종의 심판입니까? 하나님께서 죄인들 뿐 아니라 무고한 자들에게까지도 질병을 보내셨습니까? 그 대답은 알 수 없습니다. 그러나 확실한 것은 에이즈 바이러스는 성서적 표준에 맞는 도덕적 행동을 하는 사람들에게도 생길 수 있다는 것입니다. 망루에 치어죽은 18명의 선인들이 있었던 반면 많은 악한 행동들이 삶 중에 심판 받지 않는다는 사실입니다.

에이즈는 누군가의 실수이지만 우리 모두의 문제입니다. 이것은 하나님께서 인류의 죄를 보시는 방법, 즉 우리가 죄를 지었지만 주님이 문제의 해결을 떠맡은 것과 같습니다. 그러므로 에이즈와 하나님의 심판에 관하여 성경이 주는 가장 확실한 대답은 에이즈로 고통받는 사람들을 사랑과 호의로 대해야 한다는 것이며, 그렇지 않을 경우 하나님께서 심판하실 것이라는 사실입니다. 이것은 참으로 역설적인 교훈입니다.

마지막으로, 교회의 한 지도자가 신앙인들에게 부탁한 메시지를 인용하여 우리의 역할을 되새기고자 합니다.

"여러분들은 과거에 그래왔던 것처럼 사랑과 자비를 굳게 가지고 에이즈 환자를 돌보고 에이즈를 예방하기 위하여 최선을 다해야만 합니다. 여러분은 이 병으로 인해 고통받는 사람들이 인간 존재로서의 사랑과 존엄을 느끼고, 여러분이 교회와 예수 그리스도의 사랑이 살아있는 목격자가 되도록 효과적으로 여러분의 임무를 수행해야만 합니다. 그리고 여러분은 인류가 이 에이즈의 위험으로부터 무엇인가를 배우고, 인간성을 위협하는 이 질병으로부터 구원되기를 하나님께 모두 기도해야만 합니다."

기도

"위로의 하나님 아버지! 인생이 이 세상에 오는 것도, 세상을 떠나는 것도 하나님 아버지의 섭리 속에 되어짐을 믿습니다. 고 ○○○ 님의 임종을 맞아 간절히 기도하오니 그 영혼을 아버지의 영원하신 품 속에 품어 주옵소서. 더 이상 질병과 고통이 그를 주장하지 못하며 영원한 생명과 기쁨이 늘 함께 있게 하옵소서. 슬픔을 당한 유가족들을 위로하여 주옵시고, 남아있는 자들에게 힘과 능력을 주셔서 이 땅에 사는 동안 주님의 사랑과 은총을 전하며 살게 하여 주옵소서. 부활의 첫 열매되신 예수 그리스도의 이름으로 기도 드립니다.
아멘."

* 무죄한 삶(수혈, 모태 감염, 부주의로 에이즈에 걸림)을 살다가 예수 그리스도
안에서 사망한 경우 이 내용을 참고하여 변형할 수 있음

이정익 목사는 서울신학대학교, 고려대학교 대학원, 아세아연합신학대학원, 연
세대학교 언론대학원, 미국 Fuller신학교(박사)를 졸업하고, 육군 군목을 거쳐 현
재 신촌성결교회 담임목사와 서울신학대학교 교수를 겸직하고 있다.

믿지 않다가
죽은 이들을 위한 설교

어디로 갈 것인가?

히브리서 9:27

편 집 부

성경은 우리 인생들에게 매우 중요한 법칙을 말씀해 주고 있습니다. "한 번 죽는 것은 사람에게 정하신 것이요 그 후에는 심판이 있으리니" 우리 인생이 이 세상에 왔다가 단 한 번 죽는 것은 정한 이치입니다. 그러나 죽은 이에 대한 사후의 평가와 결과는 다를 것입니다. 오늘 우리는 고인 앞에서 그의 생을 추모하며 우리 자신을 돌아보는 복된 시간이 되었으면 합니다.

우리가 생각해 볼 것은 "누구를 위해 살다가 죽었는가?" 하는 문제입니다.

어떤 사람은 자기 자신만을 위해 살다가 죽은 사람이 있습니다. 자기만을 위해 동분서주하고 자기를 위해 남에게 피해를 주고 희생까지 시키는 그런 사람입니다. 심지어 어떤 사람은 가족, 친척, 친구에게까지 덕을 끼치지 못하고 자기의 쾌락과 욕심만 쫓아 살아갑니다. 이런 사람은 후인들에게 그저 '먹다가 죽은 사람'으로만 기억될 것입니다.

또 어떤 사람은 자기 가족을 위해 죽은 사람도 있습니다. 육신의 혈육만을 위해 살던 사람은 자기 자신만을 위해 산 사람보다는 좀 낫다고 할 수 있습니다. 그렇지만 가족 중심의 문화를 가지고 있는 우리 사회에서 이런 사람들은 칭송의 대상이 됩니다. 부모를 극진히 모신 효자, 효녀, 효부, 지아비를 잘 섬긴 열녀, 자녀를 위해 모든 것을 바치는 부모 등은 가장 한국적인 삶의 전형이라고 할 수 있습니다.

그런가 하면 국가와 민족을 위한 의로운 죽음도 있습니다. 자신과 가족을 돌보지 못하고 희생하여 죽은 사람입니다. 이들의 삶은 역사에 기록될 만한 숭고한 삶입니다. 어느 나라든지 전쟁에서 숨진 자국의 군인들을 위해 기념비를 세워 추모하는 모습을 볼 수 있습니다. 이들의 죽음은 세상의 어떤 죽음보다 숭고하고 값진 죽음이기 때문입니다.

참 드물지만 세계 인류를 위해 살다 죽은 값진 죽음도 있습니다. 공자, 석가, 소크라테스, 아프리카의 성자 슈바이처, 나환자의 천사 다미엔 등은 인종과 국가를 넘어 보편적인 인류 역사를 통해 존경받는 사람들입니다. 이들의 죽음에는 배타적인 요소가 전혀 없습니다.

히브리서 기자가 말한 대로 모든 사람은 다 죽었습니다. 그리고 앞으로도 모든 인간은 다 죽습니다. 인간의 역사, 가족, 국가, 세계, 땅, 하늘…. 언젠가는 잊혀지고 사라집니다. 끝이 있습니다. 그러나 저는 오늘 여러분에게 단 두 가지, 사라지지 않고 영원히 기억되는 죽음을 소개하려고 합니다.

바로 예수 그리스도의 죽음과 그분을 위해 살다가 죽는 죽음입니다. 가장 복되고 값진 죽음입니다. 먼저 우리는 오늘과 같은 죽음을 통한 슬픔을 만날 때 예수 그리스도의 죽음을 생각하게 됩니다. 그 죽음은 완전히 이타적인 희생, 우리의 구원을 위한 대속적인 죽음이었습니다. 그러나 이 죽음은 죽음으로써 끝나지 않았습니다. 주님은 사망 권세를 물리치고 다시 살아나셨습니다.

그리고 다른 하나는 이 예수 그리스도를 위해 살다간 사람들의 죽음입니다. 이런 사람들은 썩지 아니할 영원한 것, 영원의 세계에 자신의 생명을 심은 사람들입니다. 예수님은 이런 사람이 마지막 때에 예수님과 함께 다시 살아날 것이라고 말씀하셨습니다.

"나는 부활이요 생명이니 나를 믿는 자는 죽어도 살겠고 무릇 살아서 나를 믿는 자는 영원히 죽지 아니하리니 이것을 네가 믿느냐"

우리가 주님과 함께 죽으면 영원한 천국에서 주님과 함께 다시 살아납니다.

오늘 우리는 고인 앞에서 생각할 중요한 질문이 있습니다. "그는 어디로 갔으며, 나는 어디로 갈 것인가?" 하는 질문입니다. 고인은 생전에 나름대로 참 고귀한 삶을 살려고 애를 썼습니다. 자신과 가족과 이웃 간의 관계에서 훌륭한 삶의 모습을 보여주셨습니다. 그러나 우리가 진지하게 고인의 삶을 평가할 때 그는 모든 면에 충실한 삶을 살았지만, 한 가지 예수 그리스도를 믿지 못했습니다. 이 문제에 관하여 우리는 참 안타깝고 마음이 아픕니다. 고인이 예수 그리스도만 믿었다면, 예수 그리스도를 인생의 구주로 섬기며 살았다면 하는 아쉬움을 남기게 됩니다.

하나님을 모르는 사람은 죽음을 '인생의 끝'으로 봅니다. 그러나 우리 크리스천은 죽음을 '새로운 시작'이라고 말합니다. 사람은 누구나 죽음 후에 갈 곳이 있다고 믿기 때문입니다. 사람의 죽음 이후에는 영생의 부활과 심판의 부활이 반드시 있습니다.

그러므로 이 시간 우리는 고인의 죽음 앞에서 "나는 어디로 갈 것인가?"를 진지하게 물어 보아야 합니다. 예수 그리스도를 믿고 살아갈 때, 우리는 우리를 위해 다시 사신 예수님 안에서 부활의 소망을 가지고 영생을 소유할 수 있습니다.

부자와 나사로의 이야기에서 보듯이 고인은 이곳에 없지만 고인의 뜻은 유족들이나 이곳에 참석한 모든 분들이 예수 그리스도를 믿고 살아갈 것을 저 세상에서 간절히 바랄 것입니다. 그러므로 이 시간 여러분은 길과 진리와 생명이 되시는 예수 그리스도를 믿기를 결단하시기를 바랍니다. 그래서 우리 모두는 이 땅이 아닌 하늘에 보화를 쌓는 지혜로운 삶을 가꾸어 가야 하겠습니다.

우리는 언젠가 주님 앞에 서게 될 것입니다. 나도 가고 여러분도 갑니다. 그것은 하나님께서 정하신 세상의 법칙이요 인생의 길입니다. 그리고 심판대 앞에 서게 될 것입니다. 여러분은 어디로 갈 것입니까? 부디 저와 여러분은 예수 그리스도께서 준비하신 영원한 나라, 더 이상 죽음도 없고, 슬픔도, 아픔도, 고통도 없는 그 나라를 소유할 수 있어야 하지 않겠습니까?

오늘 슬픔을 당하신 유가족 여러분을 주님의 이름으로 위로합니다. 세상의 언어로 뭐라 표현할 수 없지만 하나님께서 주시는 새 소망 안에서 위로를 받으시기 바랍니다. "내가 세상 끝날까지 너희와 함께 하겠노라"고 말씀하신 주님은 지금 이 시간도 여러분과 함께 하십니다.

하관예식 설교

부활의 희망 속에 기다림으로…

"…지금 이후로 주 안에서 죽는 자들은 복이 있도다 하시매 성령이 가라사대 그러하다 저희 수고를 그치고 쉬리니 이는 저희의 행한 일이 따름이라 하시더라"(계 14:13)

"보라 내가 너희에게 비밀을 말하노니 우리가 다 잠잘 것이 아니요 마지막 나팔에 순식간에 홀연히 다 변화하리니"(고전 15:51)

"너희는 마음에 근심하지 말라 하나님을 믿으니 또 나를 믿으라 내 아버지 집에 거할 곳이 많도다… 내가 너희를 위하여 처소를 예비하러 가노니 가서 너희를 위하여 처소를 예비하면 내가 다시 와서 너희를 내게로 영접하여 나 있는 곳에 너희도 있게 하리라"(요 14:1~3)

이제 우리는 고인과 육신적으로 헤어지는 참 엄숙한 순간에 서 있습니다. 하나님께서 흙으로 빚으사 만든 그 최초의 모습으로 돌아가는 시간입니다. 비록 죽음이 사랑하는 사람들 사이를 떼어 놓을지라도 그것은 영원한 이별은 아닙니다. 우리도 잠시 후면 언젠가 기쁨으로 만날 날이 약속되어 있습니다. 우리는 그것을 예수님의 부활을 통해 배울 수 있습니다.

1. 예수님의 부활은 우리도 부활한다는 것을 가르칩니다.

마지막 나팔소리가 울릴 때 죽은 자들이 다시 살고 우리도 변화하게 될 것입니다. 유명한 부흥사인 무디는 어느 날 장례식 설교를 부탁받았습니다. 그는 예수님이 성경에서 장례식 설교를 어떻게 하였는가 찾아보았습니다. 그러나 예수님은 장례식 설교를 단 한 편도 이 땅에 남기지 않으셨다는 사실에 그는 놀라고 말았습니다. 왜 그렇습니까? 우리 모두는 부활할 것이기 때문입니다. 다시 살아날 사람에게 죽음의 설교는 무의미하기 때문입니다.

2. 예수님의 부활은 우리에게 승리를 약속합니다.

사도 바울은 이렇게 말해주고 있습니다. "사망아 너의 이기는 것이 어디 있느냐 사망아 너의 쏘는 것이 어디 있느냐 사망의 쏘는 것은 죄요 죄의 권능은 율법이라 우리 주 예수 그리스도로 말미암아 우리에게 이김을 주시는 하나님께 감사하노니"(고전 15:55~57)

부활은 승리입니다. 무엇에 대한 승리입니까? 부활은 죽음으로부터의 승리입니다. 죄로부터의 승리입니다. 마귀로부터의 승리입니다. 마귀는 사망권세를 가지고 있었습니다. 그러나 예수님이 부활하심으로 그 사망권세를 빼앗기고 패하고 말았습니다.

3. 예수님의 부활은 우리로 하여금 수고해야 함을 알게 합니다.

"그러므로 내 사랑하는 형제들아 견고하며 흔들리지 말며 항상 주의 일에 더욱 힘쓰는 자들이 되라 이는 너희 수고가 주 안에서 헛되지 않은 줄을 앎이니라"(고전 15:58)

사도 바울은 우리는 부활할 것이니 노래하라고 하지 않았습니다. 부활할 것이니 즐기라고 하지 않았습니다. 오히려 부활할 것이니 수고하라고 말하고 있습니다. 부활하지 않는다면 놀고 즐겨도 됩니다. 부활하지 않는다면 마음대로 죄를 짓고 타락해도 됩니다. 그러나 우리는 부활할 것이므로 수고해야 합니다. 부활할 것이므로 주의 일에 더욱 힘쓰는 자들이 되어야 합니다.

이제 우리는 고인의 시신을 이곳에 두고 이 산을 내려갈 것입니다. 그렇지만 우리에게는 희망이 있습니다. 우리는 부활합니다. 우리는 죽음의 권세를 이기고 승리할 것을 보장받았습니다. 그러므로 우리는 견고하여 흔들리지 말고 더욱 우리의 삶을 열심히, 그리고 힘있게 살아갑시다. 장차 우리가 받을 생명의 면류관을 바라보며 희망 가운데서 기다립시다.

기도

"부활하셔서 우리에게 부활을 선물로 주시고 승리를 보장해 주시고 수고를 부탁하신 예수님, 이 시간 우리는 고인의 시신을 흙으로 되돌려 보내면서, 그러나 인간이기에 한없는 슬픔과 고통이 있습니다. 유가족과 저희들을 위로해 주시고 하나님의 한없는 자비와 사랑으로 우리들을 보호하여 주시옵소서.

비록 죽음이 우리를 떼어 놓을지라도 그것은 잠시 동안이라는 것을 알게 하여 주시옵소서. 비록 주체할 수 없는 고통 중에서 소망과 확신과 용기로서 미래를 바라보는 믿음을 주시옵소서.

천사장의 나팔소리와 함께 주님이 부활하시는 날 우리 모두는 영광 가운데 얼굴과 얼굴을 맞대고 다시 만나는 축복을 누리게 하옵소서. 예수님 이름으로 기도합니다. 아멘."

자살자의 장례예식
설교와 기도

영원히 사는 길
요한복음 11:25~26

윤 형 복

오늘 우리는 엄청난 충격 앞에 인간이 사용하는 어떤 언어로도 위로할 수 없는 안타까운 상황에 직면하고 있습니다.

우리는 안타까운 이 죽음 앞에서 죽음과 삶에 대하여 깊이 묵상해 보는 시간이 되었으면 합니다. 인생의 생활에서는 눈물 없는 날이 없고, 눈물 없이 살아가는 사람도 없는 것 같습니다.

시편 기자는 시편 42편 3절에서 "주야에 눈물로써 음식을 삼았다"라고 고백하고 있고, 시편 102편 9절에서는 "자기가 먹는 식물과 마시는 것에 눈물이 섞였다"라고 고백하는 모습을 보게 됩니다.

사랑하는 가족이 극단적인 방법을 통하여 이 세상을 하직한데 대하여 뭐라고 위로의 말씀을 드려야 할지 모르겠습니다. 세상의 언어를 다 동원한다해도 위로를 할 수 없는 안타까운 심정 금할길 없습니다.

우리는 인간이기에 인간의 슬픔을 숨길 수가 없는 것은 당연합니다.

이제 우리는 극도의 슬픔과 안타까운 심정으로 이 죽음 속에서도 하나님께서 교훈하시고자 하시는 깊고 오묘한 뜻을 묵상해 보아야 할 것입니다.

야고보서 4장 9절을 보면 "슬퍼하며 애통하며 울지어다 너희 웃음을 애통으로, 너희 즐거움을 근심으로 바꿀지어다"라는 말씀이 나오는데 슬픔에 대한 적극적인 가치를 인정하는 교훈입니다.

오늘 우리는 범사를 통해 배우고 반성하는 기회를 가질 필요가 있는 것입니다.

야고보가 '슬퍼하며 애통하며 울지어다' 라고 하는 것은 진심어린 회개와 반성을 촉구하는 교훈이기도 합니다.

인간은 누구나 한 번은 죽게 되어 있습니다. 그런데 어떻게 죽느냐 하는 것은 중요한 문제가 아닐 수 없습니다.

인간에게 있어서 죽음은 종말을 의미하는 것으로 생각하는 사람들이 많이 있습니다. 그런데 우리 육신은 죽음을 맞이하면서 새로운 세계를 직면하게 됩니다. 우리 육신의 죽음이 끝을 의미하는 것이 아니라는 것입니다.

죽음 후에는 반드시 내세가 있음을 우리 모두는 기억해야 할 것입니다.

하나님은 우리에게 생명을 허락하셨습니다. 이 생명은 우리의 것이 아닙니다.

하나님의 소관 안에 있는 것입니다.

히브리서 9장 27절을 보면 "죽음 후에는 심판이 있다"고 말씀합니다.

그렇기 때문에 죄사함을 받고 영생을 얻으려면 예수 그리스도를 구주로 믿고 영접해야 합니다. 그것이 곧 천국 가는 길임을 우리는 기억해야 할 것입니다.

사랑하는 가족, 친지, 그리고 친구와의 영원한 이별은 견딜 수 없는 아픔이요 슬픔이 아닐 수 없습니다.

오늘 우리는 천지의 주재자 되시는 하나님 아버지의 뜻을 거스리고 어겼던 범사를 반성하면서 부끄러워하고 근신해야 하겠습니다.

사랑하는 사람과의 이별은 분명 슬픔입니다.

이제 우리는 이 세상에 남은 자로서 진리로 걷되 하나님의 뜻을 기억하며 살아야 할 것입니다.

그것이 그리스도 안에서 하나님이 허락하시는 참된 위로와 평강을 가지는 비결입니다.

심각한 슬픔이 살을 에고 뼈를 깎는 아픔으로 다가와서 영혼이 쇠하다 못해 녹아 내리는 듯한 경험을 가지며 살기도 합니다. 하나님의 위로 없이는 슬픔의 구렁텅이에서 헤어날 길이 없습니다.

그러나 이 세상 여건으로 인한 근시안으로 인해 우리 앞에 펼쳐져 있는 미래까지 포기하는 어리석음에 빠져서는 안될 것입니다.

우리는 이제 슬픔을 통한 자성의 기회로 하나님께서 허락하시는 미래의 소망을 가지고 새롭게 살아가려는 의지력을 주 안에서 공급받아야 하겠습니다.

오늘의 슬픔으로 인해 하나님께서 예비하시고 계시는 미래의 소망을 보지 못하는 어리석음에 빠져서는 안될 것입니다.

그리스도인들은 성령님의 임재를 기억한다면 고통이나 환란을 믿음으로 극복하며 이길 수가 있을 것입니다.

예레미야는 극도의 슬픔을 만난 가운데서도 믿음으로 자기 자신과 싸워 마침내 하나님의 능력의 역사를 체험하게 되었던 것입니다.

오늘 우리는 믿음의 반성을 통하여 슬픔과 상처와 아픔을 견디어 하나님의 위로와 은혜를 체험하는 기회로 삼읍시다.

"저녁에는 울음이 있으나 기숙할지라도 아침에는 즐거움이 오리로다"(시 30:5) 아멘.

기도

"'환난 날에 나를 부르라 내가 너를 건지리니 네가 나를 영화롭게 하리로다'

위로자 되시는 하나님 아버지, 오늘 저희들을 긍휼과 자비로 함께 하시옵소서. 하나님은 우리의 피난처시요 힘이십니다. 환난 중에 만날 큰 도움이십니다.

사랑의 하나님!

오늘 뼈를 깎는 아픔과 충격 속에서 이 장례예배를 드리는 유족과 조객들에게 하늘 문을 여시고 위로의 은혜를 허락하시옵소서.

주는 나의 무시로 피하여 거할 바위가 되소서. 주께서 나를 구원하라 명하셨으니 이는 주께서 나의 반석이시요 나의 산성이심이니이다.

이제 여기 남은 자로서 우리 모두는 남은 생애를 하나님과 동행하는 가운데 하나님의 뜻을 이루면서 살게 하옵소서.

지금까지 우리가 잘못 살아온 것이 있다면 회개와 반성을 통한 새로운 삶의 비전과 확신 속에서 하나님의 의를 나타내며 살게 하옵소서.

다시 한 번 원하옵기는 슬픔 속에 있는 유족들을 주님이 붙드시고 위로하시고 은혜 베푸시옵소서.

위로자 되시는 예수님 이름으로 기도 드리옵나이다. 아멘."

자살자를 위한 설교 자료

용서하고 사랑하라

마태복음 18:21~35

자살자에 대한 장례예식은 집례자에게 늘 어려운 부분이다. 대부분의 관점은 자살자를 죄악시하기 때문에 집례 자체까지도 꺼려하는 경향이 있다. 자살을 결심하는 사람들은 죽는 순간까지 숱한 갈등과 고통 속에서 보낸다. 자살에 이르러야 할 분명한 원인이 있기 때문이다. 때문에 자살자가 발생하면 그 가족들은 자살자와 동일한 고통을 치르게 된다. 그리고 '죄의식'과 '수치감'을 떨쳐버리지 못한다.

집례자는 예식을 통해 '용서'와 '이해'와 '사랑'을 가르칠 수 있어야 한다. 그리고 공개적으로 사인이 알려지지 않았을 경우에는 가족과 함께 비밀을 유지해 주어야 할 책임도 따른다.

보우그라는 마을에 우고린이라는 본성이 착한 곱사등이가 살고 있었습니다. 그는 모든 동리 사람들에게 존경을 받았습니다. 우고린은 그의 아버지가 누구인지 모르며, 그의 어머니는 주정뱅이여서 소랑케라는 그의 누이와 함께 살았습니다. 그의 누이 소랑케가 어느 날 도둑이라는 누명을 쓰고 투옥되었습니다. 얼마 후 석방되었을 때 불구인 동생이 병석에 눕게 되었는데 직장을 얻을 수가 없어 그녀의 몸을 팔아 동생의 약값을 대었습니다.

어느 날 우고린은 몰지각한 군중들에게 둘러싸여 조롱을

당하였습니다. 그들은 우고린을 넘어뜨리고 그를 중심으로 춤을 추면서 "네 누이의 연인들이 각각 한 프랑씩을 지불했다."라고 조소하며 그를 모욕하였습니다. 그때 그 동리의 나이 많은 한 신부가 와서 그들을 물러가게 하고 우고린을 구해 주었습니다.

그 다음날 그 곱사등이는 모멸감과 치욕을 참을 수 없어 강에 뛰어들어 자살을 하였습니다. 그리고 그의 누이 소랑케는 총으로 자살하였습니다. 그 늙은 신부는 "이 어린 것들은 자살한 것이 아니라 자비가 없는 사회에 의해 살해당했다."라고 비통하게 말했습니다. 장례식 때 교회가 가득 찼습니다. 그 신부는 강단에서 추도 설교를 하면서 통곡하였습니다.

"기독교인들이여, 생사의 주관자이신 주님께서 심판하시는 날 나에게 '네 양이 어디 있느냐?'고 물으신다면 나는 주님께 대답할 말이 없습니다. 그러나 주님께서 세 번째로 '나에게 네 양이 어디 있느냐?'고 물으신다면 나는 부끄러움을 무릅쓰고, '그들은 양이 아니었습니다. 그들은 이리떼였습니다.'라고 대답할 것입니다."

우리가 다른 사람들을 이해하고, 사랑하고, 용서하고, 동정하는 것을 배워야 하는 것은 바로 그것이 하나님의 용서를 받아들이는 것이기 때문입니다. 타인에 대한 용서는 하나님의 용서를 받아들인 내적 확신의 외적 표출입니다.

로이드 존스 목사는 "여러분 속에 용서의 영이 없다면 여러분은 용서를 받았을 리가 없다고 말하게 될 것이며, 이것은 엄숙하고 심각하며, 어떤 의미에서는 무서운 일이다. 그러므로 우리가 용서를 받았는가 못 받았는가 하는 여부는 우리가 다른 사람들을 용서하는가 아니하는가로 선언하는 셈이 된다. 만일 용서를 받았다면 용서를 할 것이다."라고 말하였습니다. 〈피에르 판 파센 저, '우리들의 날 중' 에서〉

젊은 남편의 죽음

내가 하나님을 보리라

욥기 19:25~27

손 영 호

우리들은 오늘 우리의 사랑하는 믿음의 친구 ○○○ 집사님의 죽으심을 진실로 애석히 여기며, 여기에 모였습니다.

아직도 더 살아서 교회와 사랑하는 제자들을 양육해야 할 분입니다. 그보다도 젊은 아내와 아직 어린 아들 삼 형제를 남겼습니다. 무엇으로 가족과 우리들이 위로 받을 것입니까? 이제 우리는 고난의 종, 욥을 통해서 주시는 말씀으로 위로를 받읍시다.

1. 욥은 자기의 구속자가 살아 계시다고 했습니다(25절).

성경은 "의인은 없나니 하나도 없다"고 했고, "죄의 삯은 사망"라고 했습니다. 사람은 누구나 죄인입니다. 그 죄값으로 죽음을 경험해야 합니다. 따라서 모든 인간은 영원한 멸망에 이르도록 작정되었습니다.

그런데 그 죄와 죽음에서 살려 주실 구속자가 살아 계십니다. 그분이 우리가 믿는 예수 그리스도이십니다. 욥은 자신이 거의 죽어가면서도 살아 계신 자신의 구속자를 믿음으로 바라보았습니다. 그리고 그분에 의하여 자신이 구원받고, 죽어도 다시 살 것을 믿었습니다.

○○○ 집사님의 신앙도 바로 이 신앙이었습니다. 그는 지병으로 고생하면서도 구원의 주님 예수 그리스도를 향하여 믿음을 바쳐 살아왔습니다. 실로 그는 욥처럼 "나의 구속자가 살아 계시다."라는 것을 믿고, 그 믿음으로 담대하게 살아왔습니다.

2. 욥은 육체 밖에서 하나님을 보리라고 했습니다(26절).

욥은 "나의 이 가죽, 이것이 썩은 후에 내가 육체 밖에서 하나님을 보리라"고 말했습니다. 욥은 오랫동안 온몸에 병이 들어 만신창이가 되어 있었습니다. 그는 썩고 냄새나는 육체를 벗고 새 옷을 입듯 새 육체가 그리웠습니다.

그러므로 그는 죽어도 두려울 것이 없었습니다. 살아 계셔서 자신을 구원해 주실 주님을 확신하는 그로서는, 죽음이 조금도 두렵지 않았습니다. 육체, 이 썩어진 육체를 벗어나면 하나님을 볼 것이기 때문입니다. 그는 하나님을 만나보는 것이 가장 큰 소원이었습니다.

사랑하는 ○○○ 집사님은 이 신앙으로 병석에 있다가 하늘나라로 옮겨갔습니다. 그는 육체를 벗어나서 분명히 하나님을 만나 볼 것을 의심치 않는 신앙으로 살다가 죽으셨습니다. 우리는 어떻습니까? 우리가 육체를 벗는 날, 육체 밖에서 하나님을 볼 것을 믿습니까?

3. 욥은 자신이 친히 그의 눈으로 하나님을 보리라고 했습니다(27절).

욥은 "내가 친히 그를 보리니, 내 눈으로 그를 보기를 외인처럼 하지 않을 것이라"고 말했습니다. 하나님을 볼 사람은 바로 자기 자신이요 다른 사람일 수가 없다는 것이다. 그리고 자신의 눈으로 친히 하나님을 볼 것이라고 했습니다. 얼마나 분명하고 확신에 찬 말입니까? 그는 말할 수 없는 기쁨과 만족함으로 하나님을 만나서 친히 뵙게 될 것을 확신하며 그 때를 기다렸습니다. 이런 확신이 우리에게도 있어야 합니다.

사랑하는 우리의 친구 ○○○ 집사님은 고통 중에서도 귀한 믿음을 가지셨습니다. 그는 믿음을 따라 살다가 믿음으로 죽으셨습니다. 이것이 떠나 보내는 우리가 받을 큰 위로입니다.

욥은 육체 밖에서 하나님을 볼 때, 낯선 사람을 보듯 하지 않고 사랑하는 아버지를 반갑고 기쁘게 만나리라고 했습니다. 이를 생각하니까 어서 가고 싶어서 견딜 수가 없었습니다. 그래서 그는 "내 마음이 초급하구나"라고 했습니다. 우리도 욥처럼 천국을 사모하고 아버지를 그리워해야 합니다. 사모하지도 않는 천국을 죽는다고 해서 갈 수 있겠습니까?

우리의 친구 ○○○ 집사님은 이렇게 사모하는 천국을 먼저 갔으니, 슬퍼하고 가슴 아파하기보다는 찬송하고 하나님을 찬양해야 할 일입니다. 사랑하는 가족들과 우리 모두는 천국을 사모하며 살다가 우리도 육체를 벗어날 때 한 사람도 빠짐없이 하나님을 우리의 눈으로 보고, ○○○ 집사님을 만나 보도록 믿음에 굳게 서서 살아 갑시다.

손영호 목사는 숭실대학교 철학과, 장로회신학대학교 신학대학원 신학과를 졸업, 풀러신학대학교 목회학 박사(D. Min.), 아세아연합신학대학교 목회학 박사과정 등을 이수하였다. 현재는 광주양림교회를 담임하고 있다.

40대들의 과로사

이곳에 와서 쉬려므나
요한계시록 14:13, 시편 116:15
이 장 우

여러분, 오늘 우리는 지금 고 ○○○ 형제의 죽음을 애도하고 유가족들을 위로하기 위해 이 자리에 모였습니다. 얼마 전까지만 해도 우리와 함께 지냈는데 이제는 더 이상 만날 수 없다고 생각하니 믿어지지 않습니다. 우리가 세상을 살면서 많은 일을 당하지만 갑작스러운 죽음처럼 우리를 당혹하게 하는 것도 없습니다.

여러분, 우리가 사랑하는 이를 잃고 슬퍼하는 그 자체는 당연한 일입니다. 오늘 우리가 깊은 상실감으로 오열하는 것은 자연스러운 감정입니다. 그래서 유대 격언에도 있듯이 "비누가 육체의 때를 씻어 주듯이 눈물은 영혼의 때를 씻어 준다."고 했습니다. 그렇다면 이 시간 우리가 고 ○○○ 형제의 갑작스러운 죽음을 애도하고 슬퍼하는 것은 자연스러운 일입니다. 이런 아픔의 눈물을 통해서 우리의 슬픈 마음이 위로 받기 때문입니다.

한 번은 주일학교에 열심히 다니던 어린 소녀가 창세기에 나오는 에녹에 대하여 이렇게 이야기 했습니다. "에녹과 하나님은 좋은 친구였어요. 하나님은 자주 에녹을 데리고 정원에서 산책도 하면서 재미있게 시간을 보냈어요. 어느 날 하나님이 에녹을 보시면서 이렇게 말씀하셨어요. '에녹아, 피곤해 보이구나. 이제 아버지 집에 와서 좀 쉬려무나' 그래서 에녹은 하나님의 초청을 받고 천국으로 갔어요."

어쩌면 하나님은 그동안 우리가 사랑했던 고 ○○○ 형제에게 이렇게 말씀하셨을지 모르겠습니다. "네가 피곤해 보이구나. 이제 그만 일을 하고 아버지 집에 와서 쉬려무나" 그래서 그는 우리 영혼의 안식처가 되는 하나님 아버지 품으로 가지 않았을까요?

여러분, 사랑했던 사람을 더 이상 육신적으로 볼 수 없다는 사실은 분명히 괴롭고 슬픈 일이지만 한 영혼이 이 땅의 모든 수고와 짐을 벗어버리고 더 좋은 곳으로 가셨다는 사실을 우리가 믿음으로 인정하고 받아들일 수 있다면 우리는 이번 슬픔을 또 다른 각도로 조명해 볼 수 있지 않을까요?

저는 본문 말씀을 통해서 죽음 앞에서도 이런 소망과 위로를 받았습니다. 바로 성경이 우리에게 죽음을 이렇게 말하고 있기 때문입니다.
"지금 이후로 주 안에서 죽은 자들은 복이 있도다 하시매 성령이 가라사대 그러하다 저희 수고를 그치고 쉬리니 이는 저희의 행한 일이 따름이라 하시더라"

여러분, 우리 기독교는 죽음을 마지막 종말로 보지 않습니다. 어쩌면 죽음은 마치 임산부가 아이를 탄생시키는 과정과 같습니다. 아이는 엄마의 자궁 속에서 10개월을 지낼 동안 어둡고 답답한 시간을 보냅니다. 그러나 때가 되면 어두운 곳을 벗어나서 밝고 환한 세상에 탄생하는 겁니다. 그동안 기다리고 있던 아버지와 식구들의 환영을 받습니다. 성도들의 죽음이 바로 이와 같습니다. 이 세상은 어머니 뱃속과 같습니다. 잠시 살다가 언젠가 죽음이란 과정을 통해서 우리의 고향집인 아버지의 품으로 돌아갑니다.

한 번은 꽃집 실수로 새 장소로 가게를 개업한 집에 배달되어야 할 꽃이 장례식장에 배달되었습니다. 빨간 리본에 쓰인 글귀가 이렇습니다. "새로운 장소에 개업을 축하합니다." 저도 오늘 자신 있게 하늘을 외칠 수 있습니다.
"○○○ 형제님, 새 집에 들어가신 것을 축하드립니다!"

사랑하는 여러분, 성도들의 죽음은 이렇다고 봅니다. 저는 고속도로를 타고 이곳에 왔습니다. 뒤에서 갑자기 큰 트럭이 내 차를 추월하면서 지나가는데 그 순간 그 거대하고 무서운 트럭의 그림자가 내 차를 덮었습니다. 죽는 줄 알았습니다.

그러나 그것은 트럭의 그림자에 불과했습니다. 죽음의 위협은 있었지만 그림자에 불과했습니다. 성도들의 죽음도 마찬가지입니다. 우리의 마음을 위협하고 슬프게 할 수 있을는지 모르지만 그림자의 위협에 불과합니다.

왜 그럴까요? 그것은 바로 하나님의 아들 예수 그리스도께서 갈보리 십자가에 달리심으로써 죄와 죽음의 권세를 이기시고 승리하셨기 때문입니다. 예수님은 죽음을 없애버리셨습니다. 그래서 예수 안에서 믿음으로 죽은 자들은 트럭의 그림자처럼 죽음의 그림자의 위협은 받지만 더 이상 죽음의 권세에 굴복하지 않습니다. 그래서 사도 바울은 고린도전서 15장 55, 57절에서 "사망아 너의 이기는 것이 어디 있느냐 사망아 너의 쏘는 것이 어디 있느냐 우리 주 예수 그리스도로 말미암아 우리에게 이김을 주시는 하나님께 감사하노니"

여러분, 고 ○○○ 형제를 먼저 하나님 품으로 보낸 것은 믿음 안에서 분명히 반가운 일이지만, 그러나 우리 마음으로는 여전히 섭섭하고 슬픈 감정은 속일 수 없습니다.
그는 인생을 참으로 성실하고 책임있게 살아왔습니다. 신뢰받던 남편이었고, 자상하던 아버지였습니다. 성실한 사회인이었고, 교회에서는 남들의 귀감이 되었던 믿음의 사람이었습니다. 그는 인생의 여러 가지 책임들을 온몸을 던지면서 누구보다 열심히 감당했던 사람이었습니다. 그래서 하나님께서 그를 이 땅에서의 여러 수고로부터 우리보다 더 빨리 해방시켜 주신 것인지 모르겠습니다.

오늘 사랑하는 고 ○○○ 형제는 우리에게 한 가지 소중한 교훈을 주고 죽으셨습니다. 우리는 예수 그리스도 안에서 복된 죽음을 준비해야 한다는 겁니다. 세상을 살려면 돈도 필요합니다. 명예도, 직위도, 사회 기반도 중요합니다. 그러다 보면 영혼의 문제도, 신앙의 문제도, 바쁜 일상생활 속에서 잊혀져 버립니다. 열심히 사는 인생의 위기가 여기에 있습니다. 그러나 참으로 지혜로운 인생은 언제 다가올지 모르는 죽음을 준비할 것이다.

본문은 죽음을 직면한 인생을 향해서 가장 복된 죽음을 맞이하는 한 가지 비밀을 말하고 있습니다.
"지금 이후로 주 안에서 죽은 자들은 복되도다 저희 수고가 그치고 영원히 쉬리라"
그렇습니다. 복된 죽음이란 예수 그리스도 안에서 맞이하는 죽음입니다. 우리 인생은 줄 끊어진 연처럼 이 망망한 우주 한가운데 떠돌며 사는 것 같지만, 성경은 말하기를 하나님이 태초에 천지만물을 창조하셨고 특별한 뜻 가운데 인간을 만드셨다고 했습니다. 그러나 우리 인간은 교만해져서 우리의 창조주 하나님을 알고 섬기는 일보다는 우리 자신을 하나님처럼 높였습니다. 성경은 이것을 죄라고 말합니다.

죄는 반드시 죽음과 지옥이란 심판을 불러오는데, 하나님께서는 그럼에도 불구하고 우리를 먼저 사랑하셨다는 사실…. 그래서 독생자 예수 그리스도를 보내셔서 갈보리 십자가에 죽게 하심으로 우리를 죄의 심판과 형벌에서 구원해 주셨습니다. 이것이 바로 성경의 심장이요 복음입니다. 그래서 누구든지 예수 그리스도께서 내 죄를 위해 죽으셨다는 사실을 믿고 받아들이는 자는 구원을 얻고 영생을 누린다고 성경은 약속하고 있습니다.

여러분, 지금 이 시간 예수 그리스도를 여러분의 개인의 구세주로, 주님으로 믿고 영접함으로써 성경에서 약속한 영생의 구원을 얻으시기를 바랍니다.

오늘 고 ○○○ 형제의 죽음은 참으로 복되고 기쁜 죽음입니다. 왜 그렇습니까? 그는 참으로 예수님을 주님으로 믿었고, 사랑했고, 최선을 다해 예수님을 기쁘게 하는 일을 많이 했습니다. 우리 교회에서도 얼마나 유익한 성도였는지 모릅니다. 그렇기 때문에 그의 죽음은 복된 죽음입니다. 어쩌면 이 시간 하늘에서는 Welcome, Home-coming 파티가 벌어지고 있을지 모릅니다. 그러므로 특히 유족들은 오직 믿음으로 이 어려운 시간들을 이기시기 바랍니다.

다음은 우리 차례입니다. 우리의 죽음도 복된 죽음이 될 수 있도록 예수 그리스도 안에서 믿음으로 여러분의 인생을 준비하십시오. 언젠가 우리 영혼의 때가 되어 우리의 가족과 친구들이 오늘과 같은 시간을 가진다해도 오늘처럼 동일한 복된 죽음을 기억할 수 있도록 그 날을 준비하는 여러분이 되시기를 주님의 이름으로 축원합니다. 아멘.

기도

"우리 영혼의 주인이 되시는 하나님 아버지, 하나님의 위대하심과 전지전능하심을 찬양합니다. 이 시간 가장 절망적인 죽음 앞에서도 하나님의 주권과 섭리를 인정할 수 있는 믿음을 주셔서 감사합니다. 우리 인간들에게 있어서 죽음이란 마지막이요 절망이지만 우리 주 예수 그리스도 안에서 복된 죽음의 가능성을 깨닫게 해 주셔서 감사합니다.

특별히 오늘 사랑하는 사람을 잃고 큰 슬픔 중에 오열하는 유가족들과 여러 친구들을 위로하여 주옵소서. 주님께서 저들과 함께 하시고 이 어려운 시간들을 믿음으로 이길 수 있는 힘을 더하여 주옵소서. 예수님 이름으로 기도하옵나이다. 아멘."

이장우 목사는 침례신학대학(B. A.)과 Southwestern Baptist Theological Seminary(M. Div. Ph. D.)를 졸업하였다. 현재는 남침례신학대학원 교수(LA)이며, 오렌지카운티에 위치한 싸이프레스침례교회를 담임하고 있다.

신생아의 장례 설교와 기도

왜 이런 일이…

사무엘하 12:19~23

박희민

이 시간 우리는 참으로 슬프고 아픈 마음을 가지고 이 자리에 모였습니다. 이 세상에 태어난 지 얼마 안되는, 아직 인생의 꽃을 피워보지 못한 채 우리 곁을 떠나간 어린 생명의 죽음 앞에 우리는 "왜 이런 일이 일어나야 하느냐?"고 묻게 됩니다. "왜 아직 때묻지 않고 세상에 태어나 살아보지도 못한 어린 나이에 우리 곁을 떠나가야 하느냐?" 하는 질문이 우리를 괴롭히고 있습니다.

세상에는 우리의 이성으로 다 이해되지 않고, 우리의 지식으로 다 설명할 수 없는 일들이 많이 일어나고 있습니다. 죽음의 문제도 거기에 속합니다. 특별히 아직 피어나지 못하고 별로 세상에서 죄를 지은 것도 없는 어린 생명의 죽음 앞에 직면하게 될 때, 우리는 더욱 "왜 이러한 일이 일어나야 하는가?" 하고 질문을 던지게 됩니다. 그러나 이것은 새로운 질문은 아닙니다. 인류와 함께 계속 되어 온 오래된 질문이기도 합니다. 아이의 죽음이나 어른의 죽음이나 좀 시간적으로 차이가 나는 것뿐이지 결국 모든 인간의 동등된 문제입니다.

인간은 언젠가 한 번 죽을 수밖에 없는 죽음에로의 존재입니다. 그러기에 인간은 죽음 후에도 어떤 새로운 삶이 있는가하는 질문을 던져 왔습니다. 일찍이 욥도 "사람이 죽으면 다시 사는가?"라는 질문을 던졌습니다. 그러나 이런 모든 질문은 하나님 앞에 설 때 모두 풀리게 될 줄 압니다. 우리 인간에게는 극적으로 세 가지 질문이 있습니다.

첫째는 "하나님은 계신가?", 둘째는 "계시다면 하나님은 어떠한 분이신가?", 셋째는 "죽음 이후에도 어떤 새로운 삶이 있는 것인가?"입니다. 그러나 과학과 철학은 이 문제에 대해 완전한 해답을 주지 못했습니다. 하지만 우리 주님은 이 세상에 오셔서 이 문제에 대해 분명한 해답을 주셨습니다. 그의 성육신은 하나님이 어떠한 분이신가를 보여 주셨고, 그의 십자가의 죽음은 우리 죄를 깨끗이 사해 주셨으며, 그의 부활은 죽음의 문제를 해결해 주셨습니다.

한 못에 애벌레들이 살고 있었습니다. 애벌레들은 자라서 연못에 피어있는 연꽃줄기를 타고 올라가서는 나방이 되어 푸른 하늘을 향해 날아가곤 하였습니다. 하나하나 친구들이 소식도 없이 사라지는 것을 보고 안타깝게 생각한 애벌레들은 회의를 하여 그들 중에 연꽃줄기를 타고 올라갔다가 사라질 때는 반드시 돌아와 무슨 일이 생겼는지 알리도록 결의를 하였습니다. 그런데 막상 연꽃줄기를 타고 올라갔다가 나방이 되어 하늘로 올라가면서 "아, 내가 연못으로 돌아가 친구들에게 무슨 일이 일어났는지 알려야 하겠다."고 생각했지만 이미 돌아갈 수 없는 몸이 된 것을 알고 창공을 자유롭게 날으며 "이제는 모르지만 후에는 알리라." 하고 혼잣말로 중얼거리며 하늘을 날아갔습니다. 이것이 인간의 죽음과 같은 경험입니다.

그래서 한 시인은 "죽음은 지평선(Life is a horizon)"이라고 말했습니다. 화이트 헤드워드는 만일 어머니 뱃속에 있는 어린아이와 대화할 수 있다면, "이 세상에 나와 살겠느냐?"고 묻는다면 그는 "싫다."고 대답할 것이라고 말했습니다. 왜냐하면 이 세상의 아름다움을 모르는 그 아이는 그처럼 안정되고 평안한 어머니 뱃속을 떠나 이 세상에 와서 살고 싶은 생각을 할 수 없기 때문이라고 하였습니다. 마찬가지로 우리가 죽음을 두려워하는 것도 하나님 나라의 영광을 알지 못하고 경험해 보지 못했기 때문입니다.

죽음은 죄값으로 왔습니다. 아이의 죽음도 결국 인간의 죄값으로 온 것입니다. 우리 인간은 태어나면서부터 아담과 이브가 지은 죄성을 지니고 태어납니다. 이것을 우리는 원죄(original sin)라고 말합니다. 그러기에 아무리 갓난아이라도 주님의 보혈로 죄 씻음을 받아야 하는 존재입니다.

예수 그리스도의 십자가의 죽음과 부활은 우리의 죽음마

저도 영생과 부활의 삶으로 바꿔 놓으셨습니다. 그러므로 성도들에게 죽음의 고통과 슬픔 속에서도 사도 바울은 "사망아 너희 쏘는 것이 어디 있느냐 사망아 너희 이기는 것이 어디 있느냐 우리로 하여금 이기게 하시는 하나님께 감사하라"고 하였습니다.

이러한 영생과 부활의 소망이 있기에 우리 믿는 성도들은 가장 사랑하는 자녀를 떠나 보내는 아픔 속에서도 참으로 세상 사람처럼 절망하거나 낙심하지 않습니다. 육신의 이별의 슬픔에서도 죽음 너머 영생과 부활의 소망을 바라보며 위로받고 승리하게 됩니다.

본문에 보면 다윗은 자신의 어린아이가 죽었다는 것을 알고 땅에서 일어나 몸을 씻고, 기름을 바르고, 의복을 갈아 입고, 여호와의 전에 들어가 경배하고, 왕궁으로 돌아와서 음식을 먹었습니다. 그때 신하들이 왕께 물었습니다. "왕께서 아이가 살았을 때는 금식하고 우셨는데 왜 죽은 후에는 일어나 잡수시나이까?" 그때 다윗은 "그 아이가 살았을 때는 위하여 금식하고 기도하면 혹시 하나님이 나를 불쌍히 여겨 살려 주실까 해서 그렇게 했지만 이제 그가 죽었는데 어찌 금식하겠는가? 내가 이제는 울어도 다시 그를 돌아오게 할 수 없으며 내가 그가 있는 곳으로 갈 수는 있지만 그가 이제는 돌아올 수 없지 않느냐?"

옳은 말입니다. 울어도 소용없는 것입니다. 이것이 우리가 취해야 할 신앙인의 자세이기도 합니다. 이제 사랑하는 어린 아이는 눈물도 없고 사망도 없으며, 고통도 없고 질병도 없으며, 폭력도 없는 저 아름다운 천국에서 주님의 품에 안겨 임마누엘 하게 되었습니다. 이 영생과 부활의 믿음과 소망 가운데서 부모님과 온 가족이 위로 받고 승리하시기를 기원합니다.

기도

"하나님 아버지, 이 시간 우리는 사랑하는 어린 생명을 잃고 육신적인 슬픔을 겪는 부모와 가족들을 위해 기도합니다. 영생과 부활의 소망이 우리에게 있지만 육신을 지닌 저희들이기에 이별의 슬픔을 겪는 부모와 유가족을 위로해 주시기를 바랍니다. 이 세상에서 때묻지 않고, 죄악된 세상에서 고통 당하지 않고, 저 영광스런 하나님 나라에서 주님 품에 안기어 임마누엘 하게 된 은혜를 인하여 영광을 하나님께 돌립니다. 우리도 언젠가는 이 길을 가고 하나님 앞에 설텐데 그때 부끄러움 없고 잘했다 칭찬 받으며 상급 받는 삶이 되도록 우리를 성령으로 붙잡아 주시고 인도하여 주옵소서. 우리의 길이 되시고 진리가 되시며 생명이 되시는 예수님 이름으로 기도합니다. 아멘."(박희민 저 '평신도를 위한 예배학' 장례 편에서)

박희민 목사는 장로회신학대학과 프린스톤신학대학원(석사)을 졸업하고, 토론토대학교에서 박사학위를 취득했으며, 하버드대학교에서 Merrill Fellow로 신학 연구를 했다. 이디오피아 선교사, 토론토 한인장로교회 등에서 사역하다 현재는 나성영락교회를 담임하고 있다.

어린이의 장례 설교와 기도

어린이의 영혼을 받으시는 하나님
마태복음 19:14
이 근 호

　지금으로부터 약 10여 년 전 저는 조용하고 쓸쓸하며 절차도 갖추지 않은 지극히 간략한 장례예식을 치른 기억이 있습니다. 갓난아이의 시신을 가슴에서 묘지로 옮겨 놓으며 눈물을 흘리는 젊은 부부들을 위로할 말을 찾지 못해 그저 공허한 메아리와 같이 하나님께 기도를 드리고 돌아오는 발걸음은 무겁기만 했습니다. 그때 저는 하나님께 다음과 같은 질문을 드렸으며, 하나님께로부터 그에 대한 대답을 듣기를 원했습니다.

　"하나님, 왜 이렇게 천진난만한 어린아이들이 질병의 무서운 저주를 감당해야 합니까?"

　"하나님, 왜 이 어린 영혼을 이렇게 일찍 데려가셔야만 합니까?"

　"하나님, 죽음 이후 이들의 영혼은 어디로 가는 겁니까?"

　"우리는 이 모든 일 속에서 어떠한 주님의 뜻을 발견할 수 있습니까?"

　물론 이 모든 질문에 대한 대답이 즉시로 오지는 않았습니다. 그러나 그 후 오랜 세월을 지나며 우리의 삶 전체를 주관

하시고 인도하시는 주님의 주권을 깨달으면서, 또한 사람의
어떠한 여건과 환경 속에서도 변치 않고 함께 하시는 주님의
은혜와 사랑의 깊이를 체험하면서, 그리고 또한 영원하신 주
님의 말씀 속에서 하나씩하나씩 그것에 대한 대답을 얻게 되
었습니다.

하나님은 사랑이십니다. 죄와 질병과 저주로 인해 고통받
는 사람들 속에서 주님은 무한하신 사랑으로 역사하고 계십
니다.

전신암으로 고통받는 두 살짜리 아이를 심방할 때였습니
다. 그 어린 몸에 간호원이 주사를 놓을 때, 그 아이는 고통
을 이기지 못해 악을 쓰고 우는 소리를 차마 들을 수 없어서
가슴에 고통을 느끼며 병원 층계에 서 있을 때에도 나에게
임하시는 주님의 모습은 사랑이었습니다. 그 아이 못지 않게
고통을 느끼며 돌보던 부모님의 입술에서 단 한 마디의 불평
이나 원망 없이 감사를 드리는 모습을 보면서 하나님의 사랑
의 깊이를 느낄 수 있었습니다.

주님의 사랑을 외면한 채 살아가던 중년부부가 있었습니
다. 그들은 삶에 너무 바빠 주님께로 나올 여유가 없었습니
다. 어느 날 그들의 급한 전화를 받고 병원으로 달려가 보니
이제 다섯 살 된 그들의 사랑하는 딸이 침대 위에 누워 있었
습니다. 온몸에 퍼진 암으로 인해 병원에 들어온지 일주일

만에 가냘픈 딸을 붙잡고 몸부림치던 그 아버지의 모습이 지금도 눈에 생생합니다. 그러나 그 고통도 잠시뿐 주님은 그 사랑하는 어린 딸을 고통이 없는 영원한 주님의 사랑의 품으로, 그리고 그 부모님들은 주님의 은혜의 자리로 인도하시는 모습을 보면서 놀라우신 주님의 섭리와 사랑에 감격할 뿐이었습니다.

어느 날 밤 지친 몸으로 자리에 누우려고 하는데 갑자기 전화벨이 울렸습니다. 뇌암으로 오랜 투병생활을 해 오던 어린 한나의 부모님께로부터 위급한 소식을 알리는 전화였습니다. 급히 옷을 꺼내 입고 달려간 그 병원의 침실에서 한나는 힘겹게 마지막 숨을 몰아 쉬고 있었습니다. 부모님들과 함께 임종예배를 드리는 중 한나의 영혼은 그렇게 고통하던 육체를 떠나 주님의 품으로 갔습니다. 뇌수술로 인해 시력을 잃어 몇 년을 앞을 보지 못하고 살았던 한나가 이제 모든 것을 밝히 보게 되는 영광스러운 순간이었습니다.

하나님은 어린아이들을 사랑하시며 그들의 영혼을 받아 주십니다.

태어난 지 일주일 만에 병들어 세상을 떠난 아들을 가슴에 품고 다윗은 다음과 같이 고백했습니다.

"내가 다시 돌아오게 할 수 있느냐 나는 저에게로 가려니와 저는 내게로 돌아오지 아니하리라"(삼하 12:23) 다윗의 소원과 분명한 확신은 이미 세상을 떠난 그의 아이가 있는 주님의 품으로 장차 가는 것이었습니다. 다윗은 성령의 영감을 받아 그 아이의 영혼이 이미 주님의 품에 있음을 확신하며 이 말씀을 기록한 것입니다.

예수님도 "너희가 돌이켜 어린아이들과 같이 되지 아니하면 결단코 천국에 들어가지 못하리라"(마 18:3)고 말씀하셨으며, 또한 "어린아이들을 용납하고 내게 오는 것을 금하지 말라 천국이 이런 자의 것이니라"(마 19:14)고 말씀하시며 어린아이들이 천국을 유업으로 받게 될 것을 말씀하셨습니다.

하나님은 우리가 고통받는 것을 보며 마음 아파하십니다.

그래서 하나님은 독생자 예수를 이 땅에 보내사 우리를 대신하여 고통을 받게 하신 것입니다.

주님은 그의 뜨거운 사랑과 긍휼로 우리를 치료하십니다. 그리고 때로는 우리를 고통으로부터 완전히 해방시키시기 위하여 주님의 영원한 안식의 품으로 데려가십니다.

치료도 주님의 은혜요 죽음도 주님의 은혜입니다.

사랑하는 부모님들, 그리고 가족 여러분!

오늘 사랑하는 이 어린 영혼을 주님 품으로 보내면서 슬픔의 눈물을 거두고 주님의 사랑을 찬양하십시오. 이제 그 아이는 우리에게로 다시 오지 못하지만 머지 않아 우리는 그 아이가 있는 곳으로 가게 될 것입니다. 죽음도 우리를 영원하신 하나님의 사랑에서 결코 끊지 못합니다. 우리를 향하신 하나님의 사랑은 죽음을 이기신 영원한 승리입니다.

이제 하나님은 사랑하는 이 어린 영혼의 꿈과 삶의 몫을 부모님들과 가족들, 그리고 우리들에게 남겨 주셨습니다. 우리 주위에 고통받는 아이들, 굶주린 아이들, 상처받은 심령들, 버림받고 소외된 어린 영혼들… 그들을 돌보는 것이 이 어린 영혼이 남겨 놓고 간 우리의 삶의 몫입니다. 앞으로 우리에게 맡겨진 이 사명을 감당할 때에 우리는 잃은 것보다 몇 십 배, 몇 백 배, 몇 천 배의 더욱 많은 것을 얻게 될 것입니다. 주님의 말씀을 통해 부모님들과 가족들에게 위로가 임하시기를….

"누가 우리를 그리스도의 사랑에서 끊으리요 환난이나 곤고나 핍박이나 기근이나 적신이나 위험이나 칼이랴… 내가 확신하노니 사망이나 생명이나 천사들이나 권세자들이나 현재 일이나 장래 일이나 능력이나 높음이나 깊음이나 다른 아무 피조물이라도 우리를 우리 주 그리스도 예수 안에 있는 하나님의 사랑에서 끊을 수 없으리라"(롬 8:35, 38~39)

이근호 목사는 외국어대 재학중 도미하여 George Mason대학 회계학과, Assemblies of God Pre-Seminary, Grace Minister's School을 졸업하였으며, Fuller Seminary 선교학 석사과정을 공부하고, 현재는 남가주휄로쉽교회를 담임하고 있다.

사고사 또는 실종사

돌아오지 않을지라도 너무 슬퍼 말자
마태복음 5:4
편 집 부

배나 비행기, 등산 등 사고사는 예기치 않고 갑작스럽게 발생하기 때문에 가족들은 매우 당황하게 된다. 더욱이 죽었다는 확증은 있으나 시신이 발견되지 않을 때 그것을 실종사로 간주하게 된다. 죽은 사람이 없는 장례식(추모식)은 너무나 허무하여 현실성을 잃어버리게 된다. 살아서 곧 돌아올 것만 같기에 죽음을 죽음으로 받아들이지 못한다. 그러므로 그 후유증이 너무나 오래 간다. 집례자는 사고사나 실종사에 대해 가족들이 현실적으로 인정할 수 있도록 하면서 슬픔을 최소화 하도록 도와 주어야 한다.

오늘 우리는 참 허무한 심정을 가지고 이 자리에 모였습니다. 그토록 사랑하고 아끼던 ○○○ 교우가 뜻하지 않은 사고로 돌아오지 않기에 그를 추모하는 심정으로 이 자리에 모였습니다. 우리는 사고가 난 후에 ○○○ 교우가 그 자리에 있었다는 사실을 알고 얼마나 놀라고 가슴 졸였는지 모릅니다. 행여나 그 분이 돌아오기를 기다리고 기다렸습니다. 그러나 ○○○ 교우는 끝내 우리 곁으로 돌아오지를 않았습니다. 이제 우리가 확신할 수 있는 것은 ○○○ 교우는 우리가 그토록 그리던 하나님의 나라, 주님의 품으로 가셨다는 사실입니다. 그래서 우리는 이제 고인이 된 ○○○ 교우의 추모식을 갖기 위해 이 자리에 모였습니다.

여러분, 죽음이란 무엇입니까? 일반적으로 의학에서 정의하는 죽음은 임상적으로 뇌의 기능이 그쳤을 때를 말합니다. 사람이 아파서 혼수상태에 빠지면 의사들은 생명을 지탱해 주는 장치들을 모두 하나로 연결하여, EEG 바늘이 움직이는 데 따라 뇌파활동을 관찰하게 됩니다.

모니터에 나타나는 선이 수평으로 그려지면, 그 사람은 죽은 것으로 간주됩니다. 선이 완전하게 수평으로 멎을 그 때에 의사들은 가족들에게 사랑하는 사람의 죽음을 알립니다. 정신이나 의식이 몸으로부터 완전히 떠났으므로 그 사람은 죽었다고 말합니다. 이렇게 정의를 내리는 죽음은 의식이 육체에서 분리되는 것을 말합니다.

이런 죽음은 일반적으로 맞이하는 죽음입니다. 가족 중에 누군가가 죽음을 맞이할 때 그것은 인간적으로는 매우 슬픈 일입니다. 그렇지만 그런 죽음은 가족과 함께 하는 죽음이기 때문에 모두가 마음의 준비가 된 상태에서 고인을 보낼 수가 있습니다. 그러나 오늘 고인의 죽음은 준비된 죽음이 아니었기에, 예고된 죽음이 아니었기에 우리는 놀람과 큰 충격 속에 이 추모식을 드리고 있는 것입니다.

성경 중에 문학사로서 가장 오래된 책 중의 하나가 욥기입니다. 거기에 욥의 이야기가 나와 있습니다.

우스 땅에서 살고 있는 욥은 참으로 순전하고 정직하여 하나님을 경외하며 악에서 떠난 그 시대에 가장 의로운 사람이었습니다. 성경에는 그가 '동방에서 가장 큰 자'라고 기록되어 있습니다. 그에게는 많은 가족과 가축이 있었습니다. 하나님의 큰 축복 속에 평안한 삶을 살고 있었습니다.

그러나 어느 날 그에게 예기치 않은 큰 시험이 닥쳤습니다. 하나님을 잘 경외하며 의롭게 살아가는 그 시대의 표본인 욥에게도 쓰라린 아픔, 견딜 수 없는 고통이 닥친 것입니다. 그는 갑작스런 사고로 열 명의 자녀와 많은 가축들, 재산을 잃게 됩니다. 그리고 자신도 심한 질병의 고통의 터널을 지나게 됩니다.

자녀와 재산을 잃고 고통 중에 신음하는 욥, 그는 거기서 이렇게 울부짖습니다.

"사람은 죽어서 소멸되나니 그 기운이 끊어진즉 그가 어디 있느뇨"(욥 14:10)

"사람이 죽으면 어찌 다시 살리이까"(욥 14:14上)

비참하게 죽어버린 자녀들, 그는 인간적으로 갖는 애통하는 마음과 고통 속에서 부르짖습니다. 그는 하나님을 원망하지 않았습니다. 하나님께서도 욥을 저주하셔서 시험을 하신 것이 아닙니다. 하나님은 욥을 사랑하셔서 그를 정금처럼 다듬으신 것입니다.

하나님께서 고인된 ○○○ 교우를 먼저 데려가신 것은 결코 하나님의 벌이 아닙니다. 하나님의 사랑입니다. 하나님의 깊은 뜻이 있을 것입니다. 어려운 고통의 터널을 지나면서 믿음을 지킨 욥에게 하나님은 시험 이전보다 더 축복하셔서 이전의 고통보다 더한 기쁨을 주셨습니다. 오늘 슬픔을 당한 이 가정에 이런 하나님의 위로와 축복이 있기를 바랍니다.

SR71 비행기는 지구에서 8만피트 상공까지 고도 비행을 할 수 있지만 조종사는 기압의 압력으로부터 몸을 보호하도록 설계된 우주복을 반드시 입어야 하고 질소와 산소 탱크를 준비해야만 합니다. 하나님은 그의 영광스러운 나라에서 우리가 영원토록 하나님과 살게 될 것이라고 약속하셨습니다. 우리는 천국의 조건이 어떠한지 알 수 없으나 이곳과는 조건이 전혀 다를 것이라는 사실에 의심하지 않습니다.

하나님께서는 우리에게 우주복을 입혀 우리가 천국 주변을 무겁게 서툰 걸음으로 걸어다니게 하시지는 않을 것입니다. 그 분은 우리를 위하여 천국에서 영원히 살게 하기 위하여 손으로 빚지 아니한 새로운 것을 준비해 놓으셨습니다. ○○○ 교우는 이제 그 새로운 나라, 새로운 환경에 들어가셨습니다. 이 세상의 고통과 근심을 벗고 평안의 나라로 들어가셨습니다.

그러나 그를 먼저 보낸 가족들과 우리들은 고통이 있는 세상에 살고 있는 인간들이기에 슬퍼할 수밖에 없습니다. 오늘 우리에게는 하나님께서 주시는 위로가 필요합니다. 오늘 읽어드린 말씀 "애통하는 자는 복이 있나니 저희가 위로를 받을 것임이요"라는 말씀으로 하나님의 위로를 전하고 싶습니다. 하나님께서 유가족들과 우리들을 위로해 주실 것입니다. 우리는 고인이 된 ○○○ 교우가 다시 우리 품에 돌아오지 않을지라도 너무 슬퍼하지 맙시다. 그 분은 주님이 예비하신 새로운 나라로 여행을 떠나셨습니다. 그리고 우리도 언젠가는 그 여행에 참여하게 될 것입니다. 주님과 함께 그리운 그 분을 다시 뵙게 될 날이 속히 이를 것입니다.

사망에 관한 법

<한국>

사망일로부터 30일 이내에 사망인의 주소지 읍·면·동 사무소에 신고해야 하며, 기한이 지나서 신고하게 되면 과태료 처분을 받게 된다. 사망인이 호주일 때에는 호주 승계인이 신고하고, 사망인이 호주가 아닐 때에는 가족 중 한 사람이 신고하면 된다. 호주승계인이 미성년자인 경우에는 보호자가 함께 가야 하며 신고 할 때에는 주민등록증과 도장을 지참해야 한다.

※ 사망인의 채무를 상속받고 싶지 않을 때에는 사망일로부터 3개월 이내에 법원에 한정상속 또는 상속포기를 신청해야 한다.

※ 사망신고시 제출할 서류 : 사망신고서 2부, 호적등본 2통, 사망진단서 1통

사망에 관한 법

< 미 국 >

미국에서는 사망원인에 따라 자연사와 사고사로 구분하여 처리한다.

1. 자연사는 질병 또는 노환으로 의사의 진료를 받아온 사
   람이 자택, 병원에서 또는 양로병원에서 사망할 경우를
   말한다.
   ☆ 병원에서 운명한 경우 : 양로병원에서 사망시 간호원
     에게 전화로 또는 Authorization에 Sign한 후 장의사
     이름과 전화번호를 주고 장의사에 연락하면 곧 시신
     을 운구하러 간다. 그 후에 장의사에게 가서 장례 준
     비를 하면 된다. 운명하기 전에 미리 장례 준비를 해
     놓는 것이 바람직하다.
   ☆ 자택에서 운명한 경우 : 911(에머전시)을 부르면 곧
     이어 Detective(검시관)이 오고 의사의 진료를 받은
     지가 운명일로부터 20일 전이면 장의사로 연락을 취
     하라고 할 것이다.

2. 사고사는 사고에 의한 사망, 자살, 타살 또는 갑자기 사

망하여 원인이 불분명할 때 반드시 검시소에서 부검 후에라야 장례를 집행할 수 있다. 그러나 시신이 검시소에 있는 동안 장의사에 연락하여 미리 장례 준비를 하는 것이 더 바람직하다.

보다 나은 장례예식을 위하여

　장례예식은 임종 때부터 입관, 발인(장례식), 하관식까지를 포함하여 일컫는 말이다. 장례식은 시대와 장소에 따라 많은 차이를 보이지만 바른 기독교 문화로 정착시켜야 할 책임이 지도자들에게 있다. 더욱이 다른 예식에 비해 준비가 복잡하고 절차가 까다롭기 때문에 기독교인의 예의에 어긋나지 않고, 교리에 위배되지 않는 예식을 위해 지도자들은 끊임없는 노력이 필요하다.

　기독교 장례예식은 교회의 선교적, 봉사적, 친교적 의의를 가지고 있다. 비신자일지라도 엄숙한 장례식 중에 전파되는 메시지를 경청하게 되며, 평소에 접하지 못하고 서먹서먹하던 상가의 가족들과 자연스럽게 만나서 죽음이라는 사건을 두고 대화를 나눌 수 있는 기회가 된다. 즉 복음의 핵심인 "십자가의 죽음과 부활"을 가장 뚜렷하게 부각시킬 수 있다. 또한 온 교인들이 모여 상가를 위하여 봉사하고 협력함으로써 비신자들의 영역까지도 무리 없이 간격을 좁힐 수 있게 된다. 이 봉사의 한계를 신도들에게만 국한할 것이 아니라 교회가 위치한 지역사회, 어려운 이웃에게까지도 확대하는 것이 바람직할 것이다. 친교의 의의는 본래 친교의 공동체로 발전되어 온 교회의 사명이기도 하다. 장례식의 슬픈 통과의 례의 계기가 성도로서의 친교를 두텁게 하는 기회로 되어져 왔다.

장례예식의 목적

장례예식은 몇 가지의 목적을 가지고 있다.

1) 위로 사역

사별을 당한 유족은 말할 수 없이 큰 무력감 속에서 충격과 혼란을 겪게 된다. 그러므로 목회자는 유족들에게 안정과 신앙적 평안을 얻는데 도움을 줄 수 있어야 한다. 충격과 혼란 속에 빠져 있는 사람을 돌보기 위해서 두 가지를 염두에 두어야 한다. 첫째, 내적 고통을 나누는 일로서 유족에게 마음껏 이야기를 할 수 있도록 하는 것이다. 그들의 현재의 기분 상태, 죄책감, 분노, 애통, 추억, 불평 등 모든 것을 수용하고 이해하는 것이 필요하다. 둘째, 보살핌이다. 그저 옆에 있으면서 마음대로 애통할 수 있게 하는 세심한 배려가 필요하다. 또는 정기적인 만남을 통해 위로를 제공할 수도 있다.

2) 복음 증거 사역

기독교의 복음은 죽음과 부활의 메시지이다. 이런 의미에서 죽음과 부활의 신앙에 근거하는 기독교 장례예식은 모든 사람들에게 죽음과 부활을 의미있게 직면하도록 도와야 한다. 특히 장례예식은 유가족을 위로하는 일에 그치지 않고 "죽음과 부활의 예배"의 특성을 지녀야 한다.

3) 의탁 사역

예수님을 그리스도로 믿는 신앙인들은 세례를 받음으로써 이제 육에 속한 사람들이 아니라 영에 속한 사람이요, 이미 하나님의 영원한 세계로 받아들여진 성도이다. 그러므로 죽은 성도를 하나님의 품으로 의탁하는 것은 지극히 당연한 일이다. 예수님도 십자가상에서 "아버지여 내 영혼을 아버지 손에 부탁하나이다"(눅 23:46)라고 기도하시면서 자신을 하나님께 의탁하신 모습을 볼 수 있다. 그러므로 우리도 하나님의 손에 우리의 영혼과 죽은 사람의 영혼을 맡기는 것은 훌륭한 신앙의 표현이 된다.

장례 절차

죽음 준비에서 임종까지

1) 죽음에 대한 준비

죽음을 준비하도록 하는 것은 이 세상에서의 삶이 허무로 끝나지 않으며, 신앙 안에서 새로운 소망을 갖게 하기 위함이다. 또한 죽음을 앞둔 이의 가족들을 위한 목회적 배려의 차원에서 매우 중요하다. 이 일은 돌발적인 사고나 급환으로 사망하는 것을 제외한 경우 환자가 죽음을 예상했거나 죽음을 알리는 것이 좋겠다고 판단될 때는 죽음을 맞을 준비를 하도록 도와 준다. 이렇게 준비하면 좋겠다.

① 신앙적 준비

부활신앙을 통해 죽음을 긍정적으로 받아들이게 하고 죽음에 대한 공포를 극복하게 한다. 마지막 순간을 기도와 찬송으로써 보냄이 바람직하며 영혼을 하나님의 품에 위탁하도록 한다.

② 유언의 준비

환자가 위독한 상태에 빠지면 가족들은 침착하고 조용히 유서를 작성하거나 유언을 녹음하게 한다.

③ 장례의 준비

장례는 결혼식처럼 미리 준비하는 경우는 드물다. 대부분 급히 당하게 되므로 유족이나 가족들이 당황하지 않고 침착하게 이를 준비할 수 있도록 도와 주어야 한다. 관, 수의, 상복, 묘지선택, 매장 혹은 화장 여부, 장례 날짜와 장례식 절차 등을 결정하고 사망신고에까지 구체적인 준비를 하도록 한다. 장례 절차는 상주와 상가의 뜻에 따라 결정되지만 고인이 기독교인이거나 가족이 기독교 신앙을 가졌다면 기독교 정신에 어긋나지 않도록 분명한 지침을 가르쳐 줄 필요가 있다. 교회는 미리 장례위원회 등을 구성하여 도움을 주거나 협의하는 것이 바람직할 것이다.

이 모든 절차에서 목회자의 관심은 무엇보다도 임종하는 이에게 모아져야 한다. 주의할 점은 죽어 가는 이를 곁에 두고 장례 절차 따위의 이야기를 함부로 해서는 안된다.

2) 임종

사람의 생명이 정지되는 것을 '운명'이라고 하고, 한 사람의 운명을 지켜보는 것을 '임종'이라고 한다. 운명이 다가오면 본인과 가족들에게 마음의 준비를 시키고 가급적이면 담임교역자의 인도 아래 임종예배를 드린다.

임종예배는 그리스도에 대한 믿음 안에서의 소망과 확신을 갖게 하며, 비기독교인의 경우 임종 전에 구원 초청을 하여 그리스도를 영접하도록 하고 본인이 원할 때 세례와 성만찬을 행할 수 있다.

3) 시신의 처리

병원에서 운명하는 경우 시신의 처리는 병원에서 주관하여 처리한다. 그러나 자택에서 운명할 경우에는 유족의 도움을 받아 교회의 장례위원회 등이 시신을 처리한다. 이때 장의사나 전문가의 도움을 받을 수 있다. 그러나 한국의 장례 문화도 빠르게 바뀌고 있다. 병원마다 장례식을 위한 공간들이 마련되어 있으며, 지역마다 전문 장례식장이 생겨나고 있다. 사실 복잡한 도심 아파트와 같은 주거 공간에서 장례를 치르는 일은 조문객이나 유가족들조차도 큰 부담이 따른다. 그러므로 시신의 처리에서부터 전문 장례 기관의 도움을 받는 것이 바람직할 것이다. 그러나 시신의 처리를 가정에서 할 경우를 대비하여 다음의 처리법을 숙지하는 것도 필요할 것이다.

① 적당한 높이의 베개로 머리를 바로 잡는다.
② 눈꺼풀을 쓸어내려 곱게 감긴다.
③ 솜이나 백지로 턱 밑을 고여 입이 열리지 않게 하고 흐트러진 머리카락을 손질한다.
④ 귀, 코, 입 등을 솜으로 막는다.
⑤ 시체가 굳기 전에 팔과 다리의 관절을 가볍게 주물러 오므라들지 않게 전신을 곧게 편다.
⑥ 백지나 붕대로 무릎과 두 발을 함께 당겨 매고 팔과 두 손을 모아 배 위에 자연스럽게 얹어놓고 흘러내리지 않도록 백지나 붕대로 서로 얽어맨다.
⑦ 시신을 나무판자 위에 안치한다.
⑧ 깨끗한 홑이불이나 흰 천으로 시체를 머리까지 덮고 병풍이나 휘장으로 가린다.

⑨ 휘장이나 병풍 앞에 상을 마련하고 고인의 사진을 세운
다. 사진 옆에 성경책을 펴되 고인이 평소에 애송하던
구절이면 더욱 뜻이 있을 것이다.

⑩ 촛대를 세워 불을 밝히고 향로에 불을 피워도 좋다. 향
은 시신의 부패시 풍겨나는 악취를 제거하는 역할도 한
다. 향 대신 꽃을 사용할 수 있다.

⑪ 시신을 두는 곳은 덥거나 습하지 않은 곳으로 택하고,
여름철에는 얼음을 배치하는 등 시신 보존에 신경을 써
야 한다.

4) 주례와 호상의 선정

☆ 주례

장례예식을 주관하는 자로서 고인이 속한 교회의 목회
자로 세우는 것이 바람직하다.

☆ 호상

장례에 관련된 모든 절차를 총감독하는 자로서 교인이
나 친척 중에 경험 많은 사람을 선정하거나 장례위원회
의 대표자가 이 역할을 맡을 수 있다.

☆ 상주(상제)

고인의 자녀가 된다.

☆ 주장

상주를 대표하는 사람으로 고인의 자녀 중 장남이 된
다.

5) 임종예배

임종 직후 유족들의 마음이 어느 정도 가라앉으면 임종예배를 드린다. 임종예배 후에 가족들과 장례 절차에 관해 의논하는 것이 좋다.

6) 입관

미국에서의 입관예식은 장의사가 전담하기 때문에 입관예식이 따로 있는 것은 아니다. 물론 한인교회는 한국에서와 같이 장의사가 입관을 한 후에 대부분 입관예식을 따로 가지고 있다. 한국에서는 임종 후 입관까지의 절차가 매우 복잡하고 대대로 내려오는 구습이 반복되고 있는 현실이다. 교회는 이들 구습을 개선하고 간소화 하는데 앞장 서야 할 것이다.

시신을 넣어 땅 속에 묻는 용기를 관이라고 하고, 수의를 입힌 시신을 관 속에 넣고 관뚜껑을 덮어 봉합하는 것을 입관이라고 한다. 법정 전염병이 아닌 경우 임종으로부터 24시간이 지난 후에 시신을 처리하는 것이 상례이다. 그러나 상가의 사정에 따라 늦출 수도 있다.

입관예식을 베풀 때는 관의 뚜껑을 덮되 머리 부분은 열어둔 채 집례를 한다. 상황에 따라서는 관의 뚜껑을 닫고 봉한 다음에 입관예식을 베풀 수도 있다. 예식의 집례는 원칙적으로 목회자가 해야 되지만 경우에 따라서는 집안이나 교회의 어른이 협의하여 모두의 협력하에 질서있게 집행할 수도 있다. 이때 집례자는 관 뒤에 서고, 유족은 아랫쪽에, 그리고 조객은 적당한 자리에 자리잡게 하고 시작한다.

7) 발인예식

시신을 장지에 운반하기 전에 드리는 장례예식을 발인예식이라고도 한다. 장례예식 가운데 가장 하이라이트라고도 할 수 있는 예식이다. 미국의 장례예식에서는 입관예식이 따로 있지 않기 때문에 'Memorial Service'에 속하는 이 발인예식에 조문객이 가장 많이 모인다. 이 발인예식은 할 수 있는 대로 교회에서 베푸는 것이 좋다. 특히 교회 안으로 영구를 들여와 정식으로 그리스도적인 예식으로 베푸는 것이 마땅하다. 그러나 경우에 따라서는 집이나 병원도 무방하다.

교회 안에 영구를 놓을 자리를 준비하는데, 대체로 성찬상이 있는 것이 좋다. 상주와 목회자의 자리도 고려해야 하며, 운구할 사람도 미리 정해두고 질서 있는 운구가 되도록 한다. 고인의 사진이 있을 경우는 사진을 책임지는 사람도 정해둔다. 영구가 교회 밖에 오면 목사가 교회당 문까지 나가 영구를 맞이하며 그 영구 앞에서 제단 있는 곳까지 인도한다. 영구가 들어올 때 조객은 전부 일어나 정중히 맞이하게 된다.

예식은 고인의 출석 교회 담당교역자가 인도하는 것이 바람직하다. 그리고 예식이 진행될 때 유족이나 조객에게 헌화의 순서를 가지게 하거나 고인을 추억할 수 있는 프로그램을 가족과 장례위원회에서 미리 준비하면 더 의미있는 예식이 될 수 있다. 최근에는 영상문화의 발달로 고인의 사진을 잘 편집하여 그의 발자취를 보여주는 것도 아주 효과적이다. 이 발인예식은 형식에 치우치는 예식이 아닌 위로와 감사와 소망의 예식이 될 수 있도록 한다.

예식이 진행된 후 조객에게 다시 한 번 감사의 인사를 하고 장지까지 갈 사람들을 위해 안내를 한다. 운구행렬은 주례목사, 영정, 운구, 상주, 친족, 문상객 순으로 한다. 이때 인위적인 울음이나 곡은 삼가하고 찬송을 부르면서 행진하는 것이 바람직할 것이다.

8) 하관 혹은 화장

영구가 장지에 도착하면, 묘역의 평평한 자리에 관을 내려놓고 유족들은 관 옆에서 하관예식을 기다린다. 하관할 때 결관을 풀고 영구를 지실에 하관하면서 좌향을 바르게 해야 한다. 관 옆을 회와 흙으로 덮고 횡대를 덮는다. 또한 하관예식을 시작하기 전에 영구를 지실에 안치하고 세 번째 횡대목을 열어 놓고 인도자는 상부 중앙에 서고, 상주와 유족들은 오른편에, 조객들은 왼편에 마주 둘러서서 예식을 진행해야 한다.

하관예식이 끝나면 인부들이 봉분, 역사를 하는데 평토가 끝날 때까지는 유족이 지켜보고 뒷일은 인부들에게 맡기고 돌아가도 무방하다.

우리나라에서는 화장보다 매장하는 경우가 많지만 국토의 사정에 따라 매장하는 것보다 화장하는 것이 더욱 바람직할 것이다. 특히 전염병에 걸려 사망했을 경우에는 화장을 권하도록 한다.

9) 장례 이후

장례가 끝난 이후에도 목회적인 돌봄의 사역은 계속된다. 그리고 상을 당한 가정도 계속해서 해야 할 일이 남아있다. 장례 기간에 협력하신 분, 그리고 장례예식을 맡으셨던 분이나 조전을 보내주신 이들에게 직접 인사를 드리거나 인사장을 보낸다.

또한 첫 성묘는 보통 장례를 지낸 3일 만에 간다. 본래 우리 민속에서는 시신을 매장한 뒤 반혼제니 삼우제니 하는 풍습을 지켜 왔다. '삼우제'란 출상 당일로부터 사흘째 되는 날까지 세 차례 제사를 지내는 것을 말한다. 기독교 가정에서도 삼우제는 드리지 않으나, 사흘째 되는 날 성묘 가는 것은 관례로 하고 있다. 또 사흘째 되는 날에 성묘 가는 것 자체를 삼우제로 잘못 알고 있는 경우도 있다.

기독교 가정에서 이 삼우제를 드릴 필요는 없지만, 사흘째 되는 날 성묘 가는 것은 유가족이 고인의 안장을 확인하고, 못다한 슬픔과 정을 나누며, 장례의 충격을 정리하는 기회로 삼을 수 있다. 이때 주일이 겹치면 이 날을 피해 다른 날에 가도록 지도하는 것이 좋을 것이다.

이 예식은 교역자가 이끌기보다는 집안의 어른이 이끄는 것이 바람직하다. 유가족끼리 묘를 정돈하고, 예식은 장소를 고려하여 짧게 베푸는 것이 좋다.

결론

기독교는 부활과 생명의 신앙이다. 죽음은 우리를 두렵게 하는 무서운 적이 아니다. 이미 패배한 적일 뿐이다. 예수 그리스도의 부활사건으로 죽음은 이미 정복되었기 때문이다. 죽음은 천국으로 들어가는 문이다. 죽음은 삶의 일분분이요 주님과 만나는 시간으로서 영원한 쉼의 출발이다. 비록 뒤에 남는 가족들에게 슬픔이 없을 수 없으나, 이러한 슬픔을 함께 나누는 가운데 교회는 돌봄과 사귐의 역할을 감당해야 할 것이다. 이를 위해 장례예식은 시신을 땅에 묻는 매장에만 관심을 두는 비극적인 분위기를 극복하고 끝이 아닌 새로운 출발로서 희망 가운데에 치뤄져야 할 것이다. 그렇다면 이는 '천국환송예배', '부활증언예배', '죽음과 부활의 예배' 라는 인식이 우리들 가운데 자리잡아야 할 것이다.

* www.intersoul.co.kr 사이트에 가면 전국의 장례식장, 공원묘지, 화장장, 납골당 등의 정보를 볼 수 있다.